管理体系理解与推行培训丛书

ISO 9001 质量管理体系的理解与运作

（第二版）

凯达国际标准认证咨询有限公司 编

中国电力出版社
CHINA ELECTRIC POWER PRESS

内 容 提 要

本书依据我国近年来推行管理体系认证的实际情况，系统介绍了 ISO 9001 质量管理体系的理论、方法和技术。本书主要内容包括：ISO 9000 族标准概况，质量管理体系——基础和术语，ISO 9001:2015 的理解，ISO 9001 质量管理体系的建立。本书附录还收录了部分常用案例，以备读者参考。

本书内容理论联系实际，可作为 ISO 9000 质量管理体系的主管领导、部门主管和各部门执行人员的日常用书，也可供从事质量管理体系审核、咨询及其他相关人员参考。

图书在版编目(CIP)数据

ISO 9001 质量管理体系的理解与运作/凯达国际标准认证咨询有限公司编. —2 版. —北京：中国电力出版社，2017.9(2024.6 重印)

(管理体系理解与推行培训丛书)

ISBN 978-7-5198-1091-7

Ⅰ.①Ⅰ… Ⅱ.①凯… Ⅲ.①质量管理体系-国际标准 Ⅳ.①F273.2-65

中国版本图书馆 CIP 数据核字(2017)第 207004 号

出版发行：中国电力出版社
地　　址：北京市东城区北京站西街 19 号（邮政编码 100005）
网　　址：http://www.cepp.sgcc.com.cn
责任编辑：潘宏娟
责任校对：王小鹏
装帧设计：张俊霞　赵姗姗
责任印制：杨晓东

印　　刷：北京雁林吉兆印刷有限公司
版　　次：2009 年 3 月第一版　2017 年 9 月第二版
印　　次：2024 年 6 月北京第九次印刷
开　　本：787 毫米×1092 毫米　16 开本
印　　张：12.75
字　　数：282 千字
印　　数：16001—17000 册
定　　价：**42.00 元**

编 写 委 员 会

主　编：史毓敏

副主编：周军民　　刘　媛　　黄敏坤　　郑爱娟　　黄少挥

编　委：（按姓氏笔画排序）

马大富	王合欢	王志强	王福君	叶　琴
叶炜梁	戎独峰	吕小萍	刘向前	刘亮辉
齐曼侠	孙樟雄	吴　波	吴再军	吴金土
邱福临	何长青	张卫国	张旭耀	张荣平
张霞芳	张耀生	林　军	罗培军	周　禧
周世跃	周明钢	周莉萍	郑心明	郑原健
郑海卿	孟　炜	孟桂花	赵卫珍	赵夏明
胡　彬	柳　杨	段常青	贺月明	徐　蓓
谢祖耀	樊莲静	潘绵祥	糜德惠	

前　言

　　综观全世界质量管理的发展，我们充满信心地相信，重视顾客需求、关注质量管理、实现持续改进是一个永恒的主题。朱兰博士曾预言："二十一世纪是质量世纪。"

　　当前，随着市场竞争的加剧，越来越多的组织为了加强内部管理，向顾客、社会、员工及其他相关方提供信任，先后建立、实施了质量管理体系、环境管理体系和职业健康安全管理体系，并获益匪浅。为了更好地指导企业及各类组织建立和实施这三大管理体系，满足各类组织和人员学习这三大管理体系的需要，我们组织了在这三大管理体系认证、咨询和管理工作中具有丰富实践经验的专家编写了这套管理体系理解与推行培训丛书。

　　本书是培训丛书之一，主要以宣贯 ISO 9000 质量管理体系标准的理解和实践方法为目的。编写过程中，依据我国近年来推行管理体系认证的实际情况，以及编者们在管理体系认证、咨询和培训工作中的实践经验，并参考了部分组织在管理体系实践方面的成功经验和方法，比较系统地介绍了 ISO 9000 质量管理体系的理论、方法和技术。

　　本书共分 4 章，重点内容在第三章　ISO 9001 的理解和第四章　ISO 9001 质量管理体系的建立，因此在学习过程中应重点掌握。同时，对第一章 ISO 9000 族标准概况和第二章　质量管理体系——基础和术语的熟悉和了解，将有助于更好地了解 ISO 9000 标准，有利于组织质量管理体系的建设工作。本书适用于ISO 9000质量管理体系的主管领导、部门主管和各部门执行人员，也可供从事质量管理体系审核、咨询人员以及其他对质量管理工作感兴趣的管理人员作为参考资料。

　　本书在编写过程中得到了很多从事管理体系认证、咨询等工作的资深人士的大力支持，他们为本书的编写提出了不少宝贵意见和建议，在此表示衷心的感谢。但由于我们对标准的理解和认识还需进一步加深，加上时间较为仓促，因此，对于本书的疏漏或不妥之处，敬请批评指正。

编　者

2017 年 7 月

目　录

第一章

ISO 9000 族标准概况

第一节　ISO 9000 族标准的由来

一、ISO（国际标准化组织）的介绍

ISO 的全称为 International Organization for Standardization，中文名称为国际标准化组织。它成立于 1947 年 2 月 23 日，是世界上最大的非政府性国际标准化组织，是由各国标准化团体组成的世界性的联合会。它的工作范围涉及除电工技术以外的其他各个技术领域，在电工技术标准化方面，ISO 与国际电工委员会（IEC）保持密切合作关系。

根据 ISO 章程规定，其成员团体分正式成员和通讯成员。正式成员是指代表其国家或地区参加的最有代表性的、全国性的标准化机构（也称 P 成员——积极成员），积极成员有权参加各种会议并享有表决权。尚未建立全国性标准化机构的国家，可作为通讯成员参加（也称 O 成员——观察成员）。通讯成员不参加 ISO 的技术工作，但可了解其工作进展情况，得到委员会的工作资料。

ISO 的活动在世界范围内促进了标准化工作的发展，推动了国际交流的互助，扩大了在知识、科学、技术和经济方面的合作。ISO 的主要工作是制定国际标准，协调世界范围内的标准化工作，组织各成员国和技术委员会进行情报交流，以及与其他国际性组织进行合作，共同研究有关标准化问题。

ISO 由全体成员大会、主席、理事会、中央秘书处、各技术委员会以及必要设置的委员会组成。

ISO 的最高权力机构是全体成员大会，每 3 年召开一次，研究 ISO 的工作方针，选举 ISO 主席等。

理事会是 ISO 的常务领导机构，由主席、副主席、司库及若干理事国组成。它每年召开一次会议，职责是：为大会准备决议；决定成立新技术委员会；指定技术委员会的秘书国；批准国际标准；讨论国际标准化中的重要问题；确定 ISO 经费和监督财务开支等。

中央秘书处（CS）主持 ISO 日常行政事务，领导技术委员会（TC）、分技术委员会（SC）和工作组（WG）发布国际标准和其他出版物，汇总 ISO 活动的情报资料，并代表 ISO 与其他国际组织联系。

到 2015 年 12 月 1 日为止，ISO 共有 246 个 TC 技术委员会约 800 个 SC 分技术委员会。上述两大技术组织的主要工作是制定各种国际标准。

随着全球化进程的日益加速，ISO 正发挥着越来越重要的作用，世界各国均十分关注 ISO 的活动，同时希望它能制定更多、更有效的 ISO 标准。

二、ISO/TC 176 的介绍

ISO/TC 176 的全称为国际标准化组织/质量管理和质量保证技术委员会。早在

3

1971 年，ISO 成立认证委会员（CERTICO）。1985 年，又将其更改为合格评定委员会（CASCO），它的主要任务是研究国际可行的认证制度，制定、发布一系列指导性文件，统一各国质量认证制度。1979 年，ISO 理事会决定在认证委员会"质量保证工作组"的基础上，单独成立质量保证技术委员会。1980 年 5 月，ISO/TC 176 质量保证技术委员会在加拿大渥太华成立。1987 年该委员会又更名为"质量管理和质量保证技术委员会"。

ISO/TC 176 的主要职责是负责通用性的质量体系、质量保证和相应的质量技术领域中标准化和协调工作。

TC 176 秘书处设在加拿大。TC 176 下设 3 个分技术委员会：第一分会（SC1）是质量概念和术语分技术委员会；第二分会（SC2）是质量体系分技术委员会，主要工作是制定质量保证要求和指南标准，以及质量管理指南标准；第三分会（SC3）是支持技术分技术委员会。

自 1980 年成立以来，TC 176 取得的第一成果就是 1987 版的 ISO 9000 质量管理和质量保证系列国际标准。它满足了当今国际贸易中商业和工业应用的需要，满足了质量管理方面对国际标准化的需求，在世界范围内产生了极大的影响。随后，TC 176 汇集各国实施 ISO 9000 的经验，总结了实践中所反映出来的问题，对 1987 版 ISO 9000 系列标准进行了认真研究并进行了修订，于 1994 年发布了 1994 版的 ISO 9000 族标准，于 2000 年发布了 2000 版的 ISO 9000 族标准。在 2008 年 11 月发布 2008 版的 ISO 9000 族标准。2015 年 9 月 15 日，正式向全世界发布的 2015 版 ISO 9000 族标准的修订工作也是 TC 176 委员会负责的。

2015 版 ISO 9000 族中的有关标准草案首先经 TC 176 委员会通过，然后提交 ISO 各成员团体投票表决，至少需取得 75％参加表决的成员团体的同意，才能作为国际标准正式发布。

三、质量管理历程

质量管理的产生和发展可谓是源远流长。早在 2400 多年以前，我国就已有了青铜制武器的质量检验制度。《周礼·考工记》开头中就写道"审曲面势，以饬五材，以辨名器"。"审曲面势"就是对当时的手工业产品做类型与规格的设计，"以饬五材"是确定所用的原材料，"以辨名器"就是对生产出的产品要进行质量检查，合格者才能使用。先秦的《礼记》的"月令"篇，有"物勒工名，以考其诚，工有不当，必行其罪，以究其情"的记载。公元 1073 年北宋时期，为了加强对兵器的质量管理，专设了军器监。据古书记载，当时兵器生产批量剧增，质量标准也更具体。当然，这些质量标准基本上是实践经验的总结。

这一历史时期的产品质量主要依靠工匠的实际操作技术和经验、感官估计和简单的度量器具测量而定。工匠既是操作者，又是质量检验者，他们的经验就是"标准"。质量标准的实施是靠"师傅带徒弟"的方式口授手教进行的，因此可称之为"操作者的质量管理"。

资本主义工业革命成功之后，随着机器工业生产的出现，人类社会发展发生了根本性的变化。质量管理作为一门新兴学科，得到了全世界管理界的关注和重视，并得到了快速发展，它的发展一般分为 3 个阶段。

1. 质量检验阶段

在 20 世纪 20～40 年代，人们对质量管理的理解还只限于质量的检验。1918 年前后，美国的泰勒提出"科学管理运动"，提出在人员中进行科学分工的要求，执行质量管理的责任就由操作者转移给工长，即"工长的质量管理"。其后，由于企业的规模扩大，这一职能又由工长转移给专职检验人员，大多数企业设置专职的检验，负责全厂产品检验工作，即"检验员的质量管理"。

质量检验员从产成品中挑出废品，保证出厂产品质量。但这种"事后检验把关"无法在产品生产过程中起到预防、控制的作用，废品已成事实，损失无法挽回，且百分之百的检验量大、面广，耗费人力物力资源，增加生产成本，不利于生产率的提高。对某些产品的检验属于破坏性检验，全数检验根本不可行。因此人们希望找到一种途径可防止不合格品的形成，以减少损失，降低成本等。质量管理逐步向统计质量控制阶段发展。

2. 统计质量控制阶段

1924 年，美国工程师休哈特应用概率和数理统计理论，发明了具有操作性的"质量控制图"。这种新方法解决了质量检验事后把关的不足。后来休哈特的同事道奇和罗米格提出了抽样检验法，解决了全数检验和破坏性检验在实际应用中的困难。二次世界大战期间，美国政府制定了 3 个战时质量控制标准：AWSZ1.1—1941《质量管理指南》、AWSZ1.2—1941《数据分析用控制图法》、AWSZ1.3—1941《生产过程质量管理控制图法》。

这 3 个质量控制标准在生产武器弹药的厂家强制推行，并在提高军品质量和可靠性方面收到了显著效果。

战后，美国许多民用工业采用统计质量控制方法，美国以外的很多国家也都积极推行，并取得了相应的成效。正由于数理统计原理的应用，质量管理由事后的把关转变到对生产过程的质量控制；由通过检验剔除不合格品转变到预防不合格品的产生。

但是，由于过分强调质量控制的统计方法，而忽视了组织、计划、管理等工作，使人们误以为"质量管理就是数理统计方法"，在一定程度上限制了统计质量控制方法的推广和运用。

3. 全面质量管理阶段

所谓全面质量管理，就是以质量为中心，以全员参与为基础，目的在于通过让顾客满意和本组织所有者、员工、供方、合作伙伴或社会等相关方受益而达到长期成功的一种管理途径。

20 世纪 50 年代起，尤其是 60 年代后，社会生产力发展迅速，科学技术日新月异，人们渐渐意识到仅仅依赖质量检验和运用统计方法是很难保证与提高质量的，因此许多企业开始了全面质量管理的实践。最早提出全面质量管理的是美国 GE 公司的费根堡姆，1961年，在他的著作《全面质量管理》一书中，强调了执行质量职能是公司全体人员的责任，应该使企业全体人员都具有质量意识和承担质量的责任。他认为，为了生产出让消费者满意的高质量的产品，需要从市场调查到设计、生产、检查、出厂等各部门都必须实行质量管理。

全面质量管理概念逐步被美国和世界各国所接受，世界各国质量管理专家在统计质量控制（SQC）的基础上，广泛吸收各种现代学科的理论，把技术管理、行政管理和现代经营管理方法有机结合起来，形成了一整套全面质量管理的理论和方法。

四、ISO 9000 族标准的产生和发展

二次世界大战期间，军火工业得到了快速发展，各参战国政府都意识到武器质量的重要性。1959年，美国国防部发布了世界上第一个质量保证标准，即 MIL—Q—9858A《质量大纲要求》，这个标准要求：应在实现合同要求的所有领域和过程（例如：设计、研制、制造、加工、装配、检验、试验、维护、装箱、贮存和安装）中充分保证质量。同时，美国国防部发布 MIL—Q—45028A《检验系统要求》，作为生产简单武器的质量保证标准。

1971年，美国国家标准学会（ANSI）和美国机械工程师协会（ASME）制定颁布了非军工行业有关质量保证的标准，即 ASME—Ⅲ—NA4000《锅炉与压力容器质量保证标准》和 ANSI—N45.2《核电站质量保证大纲要求》。

美国在实施质量保证标准中所取得的成效，引起各工业发达国家的关注，并纷纷效仿美国，制定本国的质量保证标准。

1975年，澳大利亚发布了一套质量保证标准 AS 1821/22/23 标准。

1979年，英国发布了一套质量保证标准，它们是：BS5750 第 1 部分《质量体系——设计、制造和安装规范》、BS5750 第 2 部分《质量体系——制造和安装规范》、BS5750 第 3 部分《质量体系——最终检验和试验规范》。

同年，美国国家标准协会发布了 ANSI/ASQC Z—1.15《质量体系的通用指南》。同时，加拿大也发布了一套质量保证标准——CSA CAN3—Z 299 系列标准。

1980年，法国发布了 NF X50—110—80《企业质量管理体系指南》。

1981年，英国又发布了 3 个"使用指南"标准——BS5750 第 4、5、6 部分。

1985年，加拿大和澳大利亚分别对其所发布的 CSA CAN 3—Z 299 标准和 AS 1821/22/23 标准进行修订。

1986年，美国发布了 ANSI/ASQCQ1—86《质量体系审核指南》，法国发布了 NF X50—113—86《质量手册编制指南》。

为了适应世界经济和国际贸易发展的需要，消除由于各国质量管理体系及其审核标准不一致而带来国际合作间的障碍，确保消费者的利益，国际标准化组织（ISO）决定由刚成立的 ISO/TC 176 委员会制定一套质量管理和质量保证国际标准。该委员会以英国 BS5750 和加拿大 CSA—Z 299 这两套标准为基础，并参照其他国家的相关标准，在总结各国质量管理经验的基础上，经过各国质量管理专家的多年努力，ISO/TC 176/

SC 1 于 1986 年 6 月 15 日正式发布 ISO 8402：1986《质量——术语》标准。

ISO/TC 176/SC2 于 1987 年 3 月正式发布了 ISO 9000—9004 总标题为"质量管理和质量保证"的系列标准。1987 版 ISO 9000 系列标准组成如下：

ISO 8402：1986《质量——术语》

ISO 9000：1987《质量管理和质量保证标准——选择和使用指南》

ISO 9001:1987《质量体系——设计/开发、生产、安装和服务质量保证模式》

ISO 9002：1987《质量体系——生产和安装质量保证模式》

ISO 9003：1987《质量体系——最终检验和试验的质量保证模式》

ISO 9004：1987《质量管理和质量体系要素——指南》

ISO 9000 为该标准选择和使用提供原则指导，ISO 9001、ISO 9002、ISO 9003 是一组三项质量保证模式，ISO 9004 是指导企业内部建立质量体系的指南。

ISO 9001 标准的主要起草国是英国，它以 BS 5750 标准为基础，同时吸取其他国家标准的长处，做了进一步补充和完善。

ISO 9004 标准的主要起草国是美国，它以 ANSI/ASQCZ1.15 标准为基础，同时吸取了其他国家相关标准的长处。

ISO 9000 系列标准于 1987 年颁布后，立即被许多国家采用，以这些标准为依据的质量体系的建立和审核工作发展极为迅速，原定于 1992 年对 1987 版 ISO 9000 系列标准修订并出第二版的计划拖延到 1994 年才完成。

1994 年 7 月 1 日，ISO 正式发布 1994 版 ISO 9000 族标准。它对 1987 版标准进行了技术性修订，并且取代了 1987 版 ISO 9000 系列标准。此后，ISO 还陆续发布了一些关于质量管理保证的支持性标准。最终，1994 版 ISO 9000 族标准形成 3 个系列 27 个正式标准。1994 版 ISO 9000 族标准主要有：

ISO 8402：1994《质量管理和质量保证——术语》

ISO 9000—1：1994《质量管理和质量保证标准　第 1 部分：选择和使用指南》

ISO 9000—2：1993《质量管理和质量保证标准　第 2 部分：ISO 9001、ISO 9002 和 ISO 9003 实施通用指南》

ISO 9000—3：1991《质量管理和质量保证标准　第 3 部分：ISO 9001 在软件开发、供应和维护中的使用指南》

ISO 9000—4：1993《质量管理和质量保证标准　第 4 部分：可信性大纲管理指南》

ISO 9001:1994《质量体系　设计、开发、生产、安装和服务的质量保证模式》

ISO 9002：1994《质量体系　生产、安装和服务的质量保证模式》

ISO 9003：1994《质量体系　最终检验和试验的质量保证模式》

ISO 9004—1：1994《质量管理和质量体系要素　第 1 部分：指南》

ISO 9004—2：1991《质量管理和质量体系要素　第 2 部分：服务指南》

ISO 9004—3：1993《质量管理和质量体系要素　第 3 部分：流程性材料指南》

ISO 9004—4：1993《质量管理和质量体系要素　第 4 部分：质量改进指南》

ISO 10011—1：1990《质量体系审核指南　第 1 部分：审核》

ISO 10011—2：1991《质量体系审核指南 第2部分：质量体系审核员评定准则》

ISO 10011—3：1993《质量体系审核指南 第3部分：审核工作管理》

ISO 10012—1：1992《测量设备的质量保证要求 第1部分：测量设备的计量确认体系》

ISO 10013：1995《质量手册编制指南》

1994版ISO 9000族标准是在总结世界各国，特别是工业发达国家质量管理经验的基础上产生的，是宝贵的软件财富。ISO 9000族标准的问世在推动各国经济繁荣和促进国际贸易发展方面起了很大作用。世界上150多个国家和地区已将其采用为国家标准，并大量地应用于制造业、服务业，以及经济和政府的管理领域。但是，在应用同时，对标准自身也提出了更新更高的要求，况且，1994版ISO 9000族标准的确还有些不足之处，例如：

（1）较适合于制造业使用，提供软件和服务的组织采用此版标准时有许多不方便的地方。

（2）由于标准提供了三种质量保证模式，导致标准的应用有一定的局限性。

（3）ISO 9001标准的结构是20个质量体系要素的排列，要素间相关性不严密。

（4）20个要素中有许多地方强制规定要求建立文件化程序，对组织自行建立适宜的质量体系文件限制太大。

（5）对产品的质量保证能力和组织整体业绩的持续改进没有提出明确的要求。

（6）没有强调对顾客满意信息的监视。

（7）1994版ISO 9000族质量管理体系标准与ISO 14000环境管理体系、GB/T 28001职业健康安全管理体系等管理体系标准的相容性较差。

（8）1994版ISO 9000族标准数量太多，它们的通用性较差，事实上只有少数几个标准得到了广泛使用。

因此，ISO 9000族标准尚需进一步改进，使之更加协调、完善。ISO/TC 176战略规划咨询组（SPAG）对ISO 9000族标准的协调性、适应性以及世界重大变化对其影响进行了广泛调查和分析，并提出了2000年改进设想。

1999年9月ISO/TC 176第17届年会在美国旧金山召开，大会讨论决定将1994版ISO 9000族的总体结构进行较大调整，将1994版ISO 9000族的27项标准全盘做出重新安排。2000版的ISO 9000族仅有5项标准，对原有的标准有以下4种处置方式：

（1）并入新的标准。

（2）以技术报告（TR）或技术规范（TS）的形成发布。

（3）以小册子的形式出版发行。

（4）转入其他技术委员会（TC）。

2000版ISO 9000族的5项标准是：

ISO 9000《质量管理体系——基础和术语》

ISO 9001《质量管理体系——要求》

ISO 9004《质量管理体系——业绩改进指南》

ISO 19011《质量和（或）环境管理体系审核指南》

ISO 10012《测量管理体系测量过程和测量设备的要求》

以上 5 项标准中，ISO 9000/9001/9004/和 ISO 19011 等 4 项标准是 ISO 9000 族标准的核心标准。

技术报告和小册子都是 ISO 9000 族标准的组成部分，是质量管理体系建立和运行的指导性标准，也是 ISO 9000 和 ISO 9004 质量管理体系标准的支持性标准。1994 版 ISO 9000 族中的 10000 系列标准（管理技术标准）视需要逐步地进行修订后成为技术报告和技术规范，如：

ISO/TR 10006《质量管理项目管理指南》

ISO/TR 10007《质量管理技术状态管理指南》

ISO/TR 10013《质量管理体系文件指南》

ISO/TR 10014《质量经济性管理指南》

ISO/TR 10015《质量管理培训指南》

ISO/TR 10017《统计技术在 ISO 9001 中的应用指南》

ISO/TS 16949《质量管理体系汽车生产件及相关维修零件组织应用 GB/T 19001－2000 的特别要求》

此外，《质量管理原则选择和使用指南》和《小型企业实施指南》等标准都以小册子形式出现。

ISO/TC 176 负责 2000 版 ISO 9000 族标准的修订发布。2000 年 12 月 15 日正式发布 2000 版 ISO 9000 族标准，并宣布 2000 版 ISO 9001 代替 1994 版 ISO 9001 和 ISO 9002、ISO 9003，包括对这些标准的技术性修订。

2000 版 ISO 9000 族标准发布后，全球 175 个国家和地区的各类组织广泛应用。但 2000 版 ISO 9000 族标准仍有一些需改进环节，因此，于 2004 年 ISO/TC 176 决定修订 2000 版 ISO 9000 族标准。2005 年 9 月 ISO 9000：2005 标准正式发布，2008 年 11 月 14 日 ISO 9001：2008 新标准正式发布。

随着质量管理体系实践和技术的变化，ISO/TC 176/SC2 在一系列调查、研究、工作组会议和与 ISO 其他管理体系标准协调工作基础上，于 2012 年 6 月拟订了新版 ISO 9001 标准的修订目标和设计规范。于 2015 年 9 月 15 日 ISO 9001：2015 正式向全球公开发布。

第二节 ISO 9000 族标准的结构和特点

一、ISO 9000 族标准结构

2015 版 ISO 9000 族标准结构与 2008 版 ISO 9000 族标准相比没有发生太大变化，2015 版 ISO 9000 族标准结构如表 1-1 所示。

表 1-1　　　　　　　　　　　　　　**2015 版 ISO 9000 族标准结构**

核心标准	相关标准	技术报告	其他
ISO 9000	ISO 10001	ISO/TR 10013	IATF16949
ISO 9001	ISO 10002	ISO/TR 10017	
ISO 9004	ISO 10003		
ISO 19011	ISO 10004		
	ISO 10005		
	ISO 10006		
	ISO 10007		
	ISO 10008		
	ISO 10012		
	ISO 10014		
	ISO 10015		
	ISO 10016		
	ISO 10018		
	ISO 10019		

与 2008 版 ISO 9000 族标准相比，相关标准变化不大，现在有：

ISO 10001《质量管理—顾客满意—组织行为准则指南》

ISO 10002《质量管理—顾客满意—组织处理投诉指南》

ISO 10003《质量管理—顾客满意—组织外部争议解决指南》

ISO 10004《质量管理—顾客满意—监视和测量指南》

ISO 10005《质量管理　质量计划指南》

ISO 10006《质量管理体系　项目管理质量指南》

ISO 10007《质量管理体系　技术状态管理指南》

ISO 10008《质量管理—顾客满意—商家对消费者—电子商务交易指南》

ISO 10012《测量管理体系　测量过程和测量设备的要求》

ISO 10014《质量管理　财务与经济效益实现指南》

ISO 10015《质量管理　培训指南》

ISO 10018《质量管理　人员参与和能力指南》

ISO 10019《质量管理体系咨询师选择及其使用其服务的指南》

二、ISO 9000 族标准的特点

（一）适用于不同产品和服务类别、不同规模和类型的组织，通过性强

2015 版标准继承 2008 版和 2000 版标准的基本特点，消除了 1994 版对制造业的偏向性。尽管 1994 版标准也声明它适用于所有产品类别，但标准中大量存在着较多适用于制造业的词汇和要求。一些设计、贸易、科研、运输等服务单位的贯标，结果难免出现牵强附会的现象。

2015 版标准通过运用"策划""支持"和"运行"等过程要求，消除了行业的偏向性，为各行业贯彻 ISO 9000 族标准创立了便利条件。

关于不适用的标准条款删减的规定使 2015 版 ISO 9001 标准的适用范围扩大到各种类型的组织。在 2015 版 ISO 9001 "4.3 确定质量管理体系的范围"中，允许某些组织对任何一章的要求中"不影响满足顾客和法律法规要求，不影响增强顾客满意的能力或责任"的标准条款进行删减，从而扩大了 ISO 9001 标准的适用范围，又获得减少标准数量的功效。

2015 版标准减少了文件化的要求。2015 版 ISO 9001 中只对 5 项活动提出保持成文信息的要求，组织只需制定对其管理工作起到实实在在指导作用和证实其质量管理体系进行有效策划、实施、控制、改进方面所需最少的文件。

（二）文字通俗易懂、表达清晰、便于理解

2015 版标准采用通俗语言，尽量避免专业名词。不仅使新标准有易读易懂的特点，又可避免由于过多的专业词汇造成不同专业对标准的曲解。

2015 版的 ISO 9001 与 ISO 9004 的结构相差很大，是一对协调的标准。ISO 9004 为组织选择超出 ISO 9001 标准要求的质量管理方法提供指南。

2015 版 ISO 9000 第 2.3 节明确了质量管理的七项原则。这些原则用最概括的语言来统一组织质量管理的基本理念，既成为了这次新标准修订的理论基础，又将成为实施 2015 版标准的指导思想。ISO 9001 标准中的许多条款，均是这些原则的具体体现。

（三）突出最高管理者领导作用

2015 版 ISO 9001 标准把"领导作用"列为七项质量管理原则的第二项，仅次于"以顾客为关注焦点"，显示了对最高管理者责任的强化。2015 版 ISO 9001 标准要求最高管理者对建立和改进质量管理体系做出承诺，并提出为此而开展的活动提出相关证据，该版标准中关于最高管理者的要求表述得更具体。

例如：ISO 9001 第 5 条要求，最高管理者应建立实施和保持质量方针及质量目标，并与组织的战略方向和所处的环境一致；为质量管理体系运行提供财力、人力、物力资源；明确各级人员职责和权限；最高管理者应该在组织内强化过程方法和基于风险的思维，参与、指导和支持员工对质量管理体系运行有效性做出贡献。

（四）更大程度着眼于顾客满意和持续改进

2015 版 ISO 9001 标准要求，组织的最高管理者应以顾客为关注焦点，确保顾客的要求得到确定并予以满足，并对顾客满意信息进行监视收集，利用数据分析方法判断顾客的满意程度，采取纠正和纠正措施实现持续改进。

持续改进是 2015 版标准的重要特点。2015 版 ISO 9001 把持续改进作为标准的要求，以不断满足顾客的期望和需求。把 ISO 9001 与 ISO 9004 作为构成质量管理体系的一对标准，其目的之一是引导组织按 ISO 9001 达到基本要求后，再按照 ISO 9001 标准进一步实现产品、过程和体系的持续改进，以不断改进组织总体业绩。

（五）采用过程模式，可操作性强，注重实现预期的过程结果

2015 版的 ISO 9001 标准的引言中，都以图示方式说明过程方法模式，体现戴明循环 PDCA 的基本原理，这是标准的一大特色。

过程方法模式与 1987、1994 版 ISO 9001 标准 20 个要素的结构相比其明显优势是：

以过程的连续性代替了 20 个要素的不连续的缺点，这有利于理顺质量管理体系。

2015 版标准的制订采用了过程模式，它提倡用过程方法来识别过程、控制质量活动和建立质量管理体系。过程方法符合质量活动普遍规律，因此，它适合不同类产品和服务实现的运作。

标准强调组织应确定质量管理体系所需的过程及其在整个组织中的应用，并且应：

（1）明确相关过程所需的输入和期望的输出。

（2）明确相关过程的顺序和互相作用。

（3）明确和应用所需的准则和方法（包括监视、测量和相关绩效指标），以确保过程的有效运行和控制。

（4）明确过程所需的资源并确保其可获得。

（5）确定过程的职责和权限。

（6）按照标准 6.1 要求应对风险和机遇。

（7）评价过程，实施所需的变更，以确保实现过程的预期结果。

（8）改进过程和质量管理体系。

同时，通过采用基于风险的思维和 PDCA 循环，对过程和体系进行系统管理和改进，有效利用机遇并防止发生非预期结果，实现预期结果。

（六）基于风险的思维

基于风险的思维，贯穿于 ISO 9001 标准，贯穿于组织的质量管理体系策划、建立、实施、保持和改进全过程。基于风险的思维使组织能够确定可能导致其过程和质量管理体系偏离策划结果的重要因素，以便实施控制，最大限度地降低不利影响，并最大限度地利用出现的机遇。ISO 9001 以前的版本已经隐含基于风险思维的概念，例如：采取预防措施消除潜在的不合格，并采取与潜在不合格的影响相适应的措施，防止其再次发生。

ISO 9001 标准要求组织在策划质量管理体系时，组织应确定其需要应对的风险和机遇，并将其作为其他策划的输入，组织针对输入风险内容策划和实施应对风险和利用机遇的措施。应对风险和利用机遇可为提高质量管理体系有效性、实现持续改进以及防止负面影响打好基础。

（七）更少的硬性要求

2015 版 ISO 9001 标准在基于风险的思维基础上，以基于绩效的要求替代硬性要求。如不再要求最高管理者应在组织的管理层中指定一名成员担任管理者代表，而以分配类似的职权来替代；又如取消了老标准中对编制质量手册文件控制、记录控制、不合格品控制、内部审核、纠正措施、预防措施 6 处形成文件化程序的硬性要求。组织按照 ISO 9001 标准要求，建立适宜本组织运行的质量管理体系所需的文件即可。

（八）灵活的文件和记录要求

2015 版 ISO 9001 标准将文件和记录统一称作形成文件的信息。形成文件的信息可用于沟通信息、提供证据，以证实哪些策划的事项已完成或知识分享。在 ISO 9001：

2008 中使用的如"文件""形成文件的程序""质量手册"或"质量计划"等,在 2015 版 ISO 9001 标准中表述为"保持形成文件的信息"。在 ISO 9001:2008 中使用的"记录"在 2015 版 ISO 9001 标准中表述为"保留形成文件的信息"。

ISO 9001 标准允许组织灵活地选择质量管理体系成文信息的类别和形式,组织可以根据组织特点保留原有质量手册、程序、作业指导书等,以便于员工和相关方理解使用;载体可使用纸张,磁性的、电子的、光学的计算机盘片,照片或标准样品,或它们的组合。

(九)增强了与环境管理体系、职业健康安全管理体系的相容能力

ISO 9001、ISO 14001、ISO 45001 标准都采用了相同的管理体系原则,都遵循 PD-CA 循环的管理模式,它们均要求组织在贯彻体系中建立方针目标,通过策划、运行、内审和管理评审实现持续改进。

三大管理体系的不少活动是相同或相似的,如管理评审、管理职责、形成文件的信息控制、内审、沟通、意识、能力、不合格和纠正措施等,虽然对象不同,但方法基本一致。

三、2015 版 ISO 9000、ISO 9001 标准的变化

(一)2015 版 ISO 9000 标准的变化

2015 版 ISO 9000《质量管理体系——基础和术语》是由 ISO 9000:2005《质量管理体系——基础和术语》变化而来。其主要变化在术语方面。

术语是理解 ISO 9000 族标准的基础,它统一了各国的标准使用者对标准内容的理解。2015 版的术语标准与 ISO 9000:2005 相比,其主要变化表现在以下方面:

(1)数量上的变化。2015 版标准术语共 138 个,分 13 个部分;

1)有关人员的术语(6 个)。

2)有关组织的术语(9 个)。

3)有关活动的术语(13 个)。

4)有关过程的术语(8 个)。

5)有关体系的术语(12 个)。

6)有关要求的术语(15 个)。

7)有关结果的术语(11 个)。

8)有关数据、信息和文件的术语(15 个)。

9)有关顾客的术语(6 个)。

10)有关特性的术语(7 个)。

11)有关确定的术语(9 个)。

12)有关措施的术语(10 个)。

13)有关审核的术语(17 个)。

(2)内容上的变化。2015 版标准的部分术语在内容上与 ISO 9000:2005 相比有一定的变化。发生变化的术语主要是有关组织、活动、要求、结果、特性和确定的术语。

（二）2015 版 ISO 9001 的变化

1. 结构的变化

2015 版 ISO 9001 标准与 2008 版 ISO 9001 在结构上发生了一些变化。ISO 9001：2015 版标准完全按照 ISO/IEC 导则《第 1 部分：ISO 补充规定》的附件 SL 的结构要求重新进行了编排。附件 SL 是 ISO 联合技术协调小组出具的一个有关管理体系标准的附件，提供了怎样编写管理体系标准的细节，为新的 ISO 管理体系标准制定和原有标准的修订提供了一个统一的章节结构及相关的通用术语，这样有利于组织实施多个 ISO 管理体系标准。

2. 内容的变化

此次改版在内容上进行了一些修订、补充，主要有以下方面：

（1）2015 版标准用"产品和服务"代替 2008 版中的"产品"。"产品"和"服务"已经是两个定义，但在多数场合下，"产品"和"服务"是一起使用的。这样做有助于很多服务业的组织还能真正理解标准。例如在监视、测量的时候，人们不仅应想到有形产品，还应想到无形的服务。因此，2015 版标准决定用"产品和服务"替代 2008 版标准里面的"产品"。

（2）增加新的条款 4.1"理解组织及其环境"。每一个组织都是唯一的。当每个组织在策划质量管理体系的时候，要充分考虑内部和外部的因素，以及这些因素是否对组织要实现的目标和结果的影响。内部因素包括所有权结构、管理结构和决策结构等；外部因素可以是社会因素、经济因素、法律法规因素、市场因素、文化因素、技术可获取性等。因此，组织和组织之间有很大的差异性。组织可结合识别和评价内外部因素，策划、评价和改进自己的质量管理体系，使其与组织相适宜。

（3）强调了"基于风险的思维"这一核心概念。识别风险并采取相应措施来消除、降低或者减缓风险的理念，贯穿在整个 ISO 9001:2015 标准里。因此，预防措施贯穿于整个标准，标准要求在受不确定性影响的事物中，使有显著影响的风险可见可控，也使可能的机遇可见可用。

基于风险的思维要做到什么程度，这取决于这个组织所处的环境。例如一个规模很小的组织，生产和服务过程简单，可能不需要有一个非常正式的风险分析。当然假如是一个过程高度复杂的高精尖型组织，如航空航天行业或者核工业的企业，如果产品出现了问题，那么潜在的后果将非常严重。对于这样的组织，可能就会采用一些正规的风险分析方法来识别风险。风险的分析应在两个层面上进行，一个层面就是组织层面，另一个层面就是组织内部的过程。

（4）2015 版标准用"外部提供的过程、产品和服务"代替 2008 版的"7.4 采购"，包括"4.1 外包过程"。这样修订有利于确保对这些外部提供的过程、产品和服务加以控制，达到所需要的结果。2015 版标准条款 8.4 列举了所有的外部提供形式。

（5）对最高管理者提出了更多的要求。该变更基本是采用 ISO/IEC 导则《第 1 部分：ISO 补充规定的附件》SL 文本，也就是通用的最高管理者应起作用的概念。2015 版标准的要求更加具体，对审核员而言，可审核性会更好。不管怎样，最高管理层的领导作用对于体系有效性是至关重要的。

（6）2015 版标准增加了 7.1.6 条款"组织的知识"。这个是一个特别重要的要求，对创新型或转型升级的各类组织，本条款的意义更突出。

（7）2015 版标准用"形成文件的信息"替代了"文件化的程序和记录"，目前来看，形成文件的信息很大的程度上可能还是过去传统意义上的文件化的程序和文件化的记录，在当今信息化的时代，也应关注企业管理系统 IT 化和今后的工厂智能化而带来的形成文件的信息。

（8）2015 版标准有一个新要求——10.1 条 a）款，即"改进产品和服务以满足要求并关注未来的需求和期望"，此款内容值得关注。

（9）2015 版标准 7.1.5 条款"监视和测量资源"代替了 2008 版 ISO 9001 的 7.6 条款"监视和测量设备"的表述。

（10）2008 版标准中的一些要求已被删除：

1）2015 版标准没有了"预防措施"这个条款的内容，但是这个概念不仅依然存在，而且通过应对"风险"得到了加强。

2）2015 版标准没有了针对"质量手册"和"管理者代表"的具体硬性要求。ISO 9001:2015 标准给予组织更多的灵活性。对于管理者代表，2015 版标准要求对管理体系的实施和绩效进行报告，确定管理体系的职责和权限，至于是否指定专人或是大家一起来做这件事，要取决于组织自己的决定。关于"质量手册"，有很多其他方法或形式可实现同样的目的。

3. 2015 版 ISO 9001 标准强调的 9 方面内容

（1）实出以顾客为关注焦点。2015 版标准明确提出组织以顾客为关注焦点的原则要求，这是组织生存的根本，ISO 9001 的 5.1.2 条款"以顾客为关注焦点"对组织最高管理者提出了具体化的实施要求。8.2 条款"产品和服务的要求"详述了顾客要求的识别、评审及与顾客的联络，以确保准确理解顾客要求，并将此要求转化成质量要求，以便使其得到满足。9.1.2 条款"顾客满意"要求对实施结果进行监视和评审，以发现不足之处并加以改进，不断增强顾客满意。

（2）重视发挥领导作用。2015 版标准通过细化"领导和承诺"（5.1）、"方针"（5.2）、"组织的岗位、职责和权限"（5.3）、"管理评审"（9.3）中的各条规定，强化了对最高管理者在质量管理体系中的领导要求，在"资源"（7.1）中进一步明确，以充分发挥最高管理者的领导作用。

（3）明确质量方针与目标的具体要求。2015 版标准对质量方针的制定、实施提出了具体要求。质量目标应包括满足产品要求所需的内容，并与质量方针保持一致。要求质量目标是可测量的，并在组织的相关职能、层次和过程上建立质量目标，也就是要求质量目标的层层展开与落实。

（4）强调持续改进。2015 版标准明确提出了"持续改进"的要求，在 4.4.1 条款中要求建立、实施和保持质量管理体系，并持续改进其有效性。在"持续改进"（10）中对改进的具体方法提出了要求。2015 版标准的持续改进不仅是指针对发现的或潜在的不合格，还应包括合格的部分也需随外界需求的变化而不断改进，以适应竞争日趋激烈、顾客要求不断提高的市场环境。

（5）加强组织内、外部沟通。2015版标准要求组织开展内部沟通和外部沟通的活动。内部沟通有利于加强相互理解和配合，调动员工的积极性，达到"合同参与"的目的。同时，组织要建立有效的外部沟通渠道，及时与顾客沟通，掌握、理解顾客的要求，通过实现过程使顾客满意。对服务业而言，整个过程就是与顾客沟通的过程，沟通的要求反映在服务规范与服务提供规范中，它是服务质量的重要组成部分。

（6）重视数据分析。2015版标准要求组织确定、收集和分析适当的数据，以明确持续改进的主攻方向。这是测量、分析与改进中重要一环，涉及所有测量、监视的结果（数据）的分析，特别是发现问题的数据更是重点分析的对象，以便找出主要问题，明确改进方向。2015版标准要求使用统计技术这一有用工具进行数据分析。

（7）强化资源管理。"资源"（7.1）作为单独一条提出，强化了组织领导应为实现产品符合性提供所需的人力资源、基础设施、监视和测量资源、运行环境和组织的知识。对人员的"能力与意识"要求，强调了对能力不够的人员"提供培训或采取其他措施以满足需求"，要求"评价所采取措施的有效性"。同时，要求"确保员工意识到所从事活动的相关性和重要性，以及如何为实现质量目标做出贡献"，体现了"全员参与"原则的具体应用。

（8）增强质量活动开展的有效性。2015版标准对各种评审活动开展的有效性要求提供相应的证据，而不仅是保留活动开展的记录。例如，设计更改的结果、评审结果和更改的授权形成的文件的信息应保留；外部供方评价的评价结果及评价所需的形成文件的信息应予保留。

（9）2015版标准很清晰地体现了过程、基于风险的思维和PDCA循环这3个核心概念。组织应识别并确定实现策划结果所需的过程，包括生产和服务提供的实现的过程和支持性的过程。组织所处的环境不同，所要定义的过程也不同。组织对于过程要引入PDCA循环管理，即进行策划、实施、检查、采取改进措施，以便下一次策划得以提高。ISO 9001使用PDCA循环来管理过程和体系。PDCA循环使组织能够对于出错的地方加以调整，并且能够进行持续的改进。同时ISO 9001要求对体系和过程导入风险识别，评价，控制，再识别、再评价、再控制的思路。特别指出的是，2015版ISO 9001标准不是基于单纯的风险思维、PDCA循环和过程方法，而是三者的有机结合。

第三节　ISO 9000 族标准的应用

国际标准化组织从1986年6月和1987年3月先后发布ISO 9000系列标准以来，得到世界各国高度重视和广泛采用。至今，世界上已有170多个国家和地区采用了ISO 9000族标准，ISO 9000族标准是国际标准化组织发布的标准中发行量最大的标准。

目前，有60多个国家和地区，根据ISO 9000族标准开展了第三方评定和注册服务工作，已有400多个质量管理体系认证机构在开展认证服务，世界范围内已发出100多万张质量管理体系认证证书。获证组织分布在190多个国家和地区，而且获证组织遍布各行各业，如制造业、金融、保险、房地产、酒店、旅游、交通、教育、卫生保健、行政管理、社会公益事业、软件业等。

为促进国际贸易和减轻认证组织的负担，质量管理体系认证逐步趋于国际一体化。于1993年成立了"国际认可论坛（IAF）"，至今已有25个国家认可机构签署了国际多边承认协议，它们是中国、美国、加拿大、日本、澳大利亚、新西兰、荷兰、德国、英国、瑞典、西班牙、意大利、丹麦、瑞士、法国、挪威、芬兰、南非、爱尔兰、巴西、马来西亚、新加坡、韩国、捷克、比利时。从此，凡经签署多边承认协议的国家认可机构认可的认证机构签发的注册证书，上述国家均不歧视地接受（通行）。

于1995成立了"国际审核员培训和注册协会（IATCA）"，2004年更名为"国际人员注册协会（IPC）"，它是促进审核人员资格互认的一个组织，至今已有23个国家签约，它们中有：中国、美国、英国、日本、澳大利亚、新西兰、希腊、意大利、法国、俄罗斯、南非、韩国、印度等。

我国是较早采用和贯彻ISO 9000族标准的国家之一。早在1988年，我国等效采用了1987版的ISO 9000系列标准，后于1992年宣布等同采用。1994版的ISO 9000族发布后，我国于当年等同采用。2000版ISO 9000族标准于2000年12月15日在全世界发布后，我国在2000年12月28日等同采用并发布了GB/T 19000族标准，于2001年6月1日开始实施。2008版ISO 9001标准于2008年11月14日发布后，我国积极等同采用并实施。2015年9月15日，ISO发布了2015版的ISO 9000族标准。

我国的质量管理体系认证起步于20世纪90年代初，开始时发展速度较慢，但到90年代后期发展迅速。目前，在我国开展认证业务且经CNAS认可的认证机构有100家左右，截至2015年12月31日，已有超过25万家组织持有相应的质量管理体系认证证书。

为了统一规范我国认证市场和认证认可行为，国务院成立了中国国家认证认可监督管理委员会（简称国家认监委）。在国家认监委的统一领导下，我国的质量管理体系认证事业将会获得新的发展和飞跃。

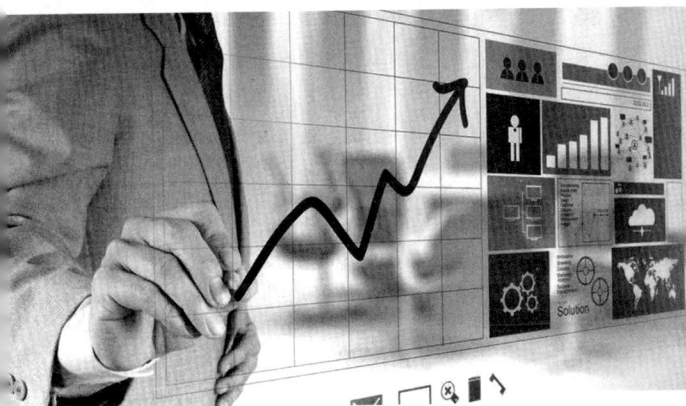

第二章

质量管理体系——基础和术语

第一节　七项质量管理原则

七项质量管理原则是在 ISO 9000 标准第 2 部分提出的，它是 ISO 9000 族标准的理论基础和指导思想。叙述七项质量管理原则的标准条文文字数量虽然不多，但所包含的内容却十分丰富。七项质量管理原则是在总结全世界各国质量管理实践经验和理论研究的基础上提出来的最基本、最通用的一般规律，通过密切关注顾客和其他相关方的需求和期望来促进提升组织的总体业绩。通过组织发挥领导作用和加强全员参与，七项质量管理原则可以成为组织文化的重要组成部分。

> **原则一**：以顾客为关注焦点
>
> **简述**：质量管理的首要关注点是满足顾客要求并且努力超越顾客期望。
>
> **理论依据**：组织只有赢得和保持顾客和其他有关相关方的信任才能获得持续成功。与顾客相互作用的每个方面，都提供了为顾客创造更多价值的机会。理解顾客和其他相关方当前和未来的需求，有助于组织的持续成功。

1. 组织依存于顾客

在现代市场经济环境中，除了垄断性行业中的组织以外，绝大多数的组织在激烈的市场竞争中都会感受到争夺市场、争取顾客的巨大压力。许多组织所面对的已经不是卖方市场，而是买方市场。在顾客针对自身需要做出购买决策时，对组织的存在发展就具有了决定性的意义。

2. 组织应当理解顾客当前和未来的需求，满足顾客要求并争取超越顾客期望

组织的存在和发展是依存于顾客对组织所提供的产品和服务的实际购买选择。从顾客方面看，之所以决定购买某种产品和服务，是基于自身的需要。组织要能够使得顾客决定购买其提供的产品和服务，其中的一个关键环节即是必须理解和确定顾客的需求和期望，并针对这种需求和期望来设计、提供产品和服务。组织通过持续满足顾客的需求求得发展，只有能够争取超越顾客的期望，才能够争取到更多的顾客和取得更多的市场份额，在激烈的竞争中处于有利的地位。

ISO 9000 标准提出的"以顾客为关注焦点"原则，反映了消费观念和质量概念上的变化。简要回顾半个多世纪来在消费观念上的变化：从要求产品的"经久耐用"转而要求产品的"物美价廉"；从要求提供"售后服务"发展到提供"全寿命周期服务"；从要求产品的"实物质量"转向产品的"经验质量"等等。这种由理性消费走向感情消费，势必引起人们对质量概念的转变：从标准的"符合性"转变到用户的"适用性"；从狭义的"产品质量"转变到广义的包括产品的性能、寿命、安全性、可靠性、经济性以及服务在内的"大质量"概念；从产品提供者角度的"质量"转变到以产品使用者角度的"质量"。消费观念和质量概念的变化集中体现在对产品和服务的选择上。组织要真正实现"以顾客为关注焦点"，应正确识别目前的消费观念、质量概念及其它们的变化趋势。

3. 组织实践以顾客为关注焦点的原则

可开展的活动包括：

（1）了解从组织获得价值的直接和间接顾客。

（2）了解顾客当前和未来的需求和期望。

（3）将组织的目标与顾客的需求和期望联系起来。

（4）将顾客的需求和期望，在整个组织内予以沟通。

（5）为满足顾客的需求和期望，对产品和服务进行策划、设计、开发、生产、交付和支持。

（6）测量和监视顾客满意度，并采取适当的措施。

（7）在有可能影响到顾客满意度的相关方的需求和期望方面，确定并采取措施。

（8）积极管理与顾客的关系，以实现持续成功。

> **原则二**：领导作用
>
> 简述：各级领导建立统一的宗旨和方向，并创造全员积极参与实现组织的质量目标的条件。
>
> 理论依据：统一的宗旨和方向的建立，以及全员的积极参与，能够使组织将战略、方针、过程和资源协调一致，以实现其目标。

这里的"领导"是各层次管理者，他（们）的职责、权限是在各层指挥和控制组织。领导好比是一面聚光镜，使组织内每一个人的注意力都集中在同一目标和战略上。领导是组织日常运营背后的主要发动机。对这项质量管理原则，从以下几方面把握理解要点：

1. 建立组织统一的宗旨和方向以及组织目标

最高管理者，如公司的董事长、总裁或总经理，需根据顾客和相关方的需求、期望以及市场的变化，通过从上到下或从下到上的方式组织员工讨论制定组织提供产品或服务的宗旨、组织的发展方向、组织中长期需要实现的目标，为组织勾画一个清晰、激励人的、富有挑战性的宗旨和远景。

2. 采取措施创造并保持员工能充分参与实现组织目标的内部环境

（1）组织不同层次的管理、验证和操作人员讨论制定：

1）质量方针。

2）质量目标。质量目标应符合以下要求：

① 与质量方针相一致。

② 不仅制定组织一级的质量目标，而且采取控制措施，相关职能部门、业务级制定各自的、且与组织的质量目标一致的年度分质量目标。

③ 各项质量目标是可测量的，尽可能做到量化，便于自我检查和实现。

④ 质量目标内容包括满足产品要求所需的内容。

（2）在组织内建立适当的、形式多样的沟通渠道和方法，在组织内形成坦诚和友好的交流和沟通氛围。

（3）在组织各层次创造一种乐于从业、艰苦努力、共同实现目标的良好气氛，如：

1）职责、权限与利益相适应。

2）建立价值共享、遵守职业道德的风气。

3）建立重视人才、沟通顺畅、互相信任、人人平等的宽松的工作环境。

4）鼓励员工、激励员工关心组织发展，乐于提建议，勇于创新做贡献，并承认其贡献。

（4）为员工提供与其履行岗位职责、权限所需能力相适应的资源和培训。

3．组织实践领导作用的原则，可开展的活动

（1）在整个组织内，就其使命、愿景、战略、方针和过程进行沟通。

（2）在组织的所有层次创建并保持共同的价值观和公平道德的行为模式。

（3）培育诚信和正直的文化。

（4）鼓励在整个组织范围内履行对质量的承诺。

（5）通过增强员工的意识、积极性和参与程度，在整个组织内促进质量方针和质量目标的实现。

（6）确保各级领导成为组织人员中的实际楷模。

（7）为人们提供履行职责所需的资源、培训和权限。

（8）激发、鼓励和表彰员工的贡献。

📖 **原则三：全员参与**

简述：整个组织内各级胜任、经授权并积极参与的人员，是提高组织创造和提供价值能力的必要条件。

理论依据：为了有效和高效地管理组织，各级人员得到尊重并参与其中是极其重要的，通过表彰、授权和提高能力，促进在实现组织的质量目标过程中的全员积极参与。

对这项质量管理原则，从以下方面把握理解：

（1）组织的主体是各级人员，组织业绩的提升靠人实现，组织的质量管理需要组织的全员参与。为提高质量管理活动的有效性，满足顾客和其他相关方的需要和期望，应充分提高各级各类人员的质量意识、思想和业务素质、事业心、责任心、职业道德以及适应本职工作的能力。

（2）组织应使现有员工智慧的潜能得以最大限度发挥和使用。组织为各类人员创造一个积极投入、奋发进取、提高其工作能力和工作热情，充分发挥聪明才智的工作环境，为提高组织效益和实现发展目标做出贡献。

（3）组织应建立一个激励机制，确保员工感到他们对自己的业绩负有责任，工作不好会给自己和组织带来损失，从而树立起工作责任心，明确如何为实现组织的质量目标做出贡献。

（4）组织应积极采取有效措施，在组织内部提倡自由地分享知识和经验，使先进的知识和经验成为共同的财富。

世界上许多优秀组织都成功地实践了这一质量管理原则，并且从中受益匪浅。日本松下公司创始人松下幸之助曾说过："在一个充斥着危机和竞争且变化莫测的环境里，任何一个企业都没有绝对的把握能生存下来。对松下公司而言，管理就是：使所有员工都付出全部智慧为公司效劳。因为，少数技术管理者的智慧（即使他们聪明绝顶）不足以应对上述挑战，唯有所有员工都积极参与，集思广益，才能使公司在波折起伏的经济环境中生存下去。"

（5）组织实践全员参与的原则，可开展的活动包括：

1）与员工沟通，以增进他们对个人贡献的重要性的认识。

2）促进整个组织的协作。

3）提倡公开讨论，分享知识和经验。

4）让员工确定工作中的制约因素，毫不犹豫的主动参与。

5）赞赏和表彰员工的贡献、钻研精神和进步。

6）针对个人目标进行绩效和自我评价。

7）为评估员工的满意度和沟通结果进行调查，并采取适当的措施。

原则四：过程方法

简述：将活动作为相互关联、功能连贯的过程组成的体系来理解和管理时，可更加有效和高效地得到一致的、可预知的结果。

理论依据：质量管理体系是由相互关联的过程所组成。理解体系是如何产生结果的，能够使组织尽可能地完善其体系并优化其绩效。

没有好的过程，必然没有好的结果。对此质量管理原则，应从以下几方面进行理解：

（1）过程即通过使用资源和管理，将输入转化为输出的相互关联或相互作用的活动。过程方法即组织内诸过程的系统应用，连同这些过程的识别、相互作用及其管理。ISO 9000 族标准鼓励在建立、实施质量管理体系以及改进其有效性采用过程方法，通过不断满足顾客要求和期望，努力增强顾客的满意程度。

（2）以过程为基础使组织增值。组织为了增值，通常对过程进行策划并使其在受控条件下运行。一般，在过程的输入端、不同点、输出端都存在可进行监视、测量、验证、确认、检验和试验活动的机会，以便控制过程的有效实施。

（3）PDCA 方法是动态循环，可在过程中应用。PDCA 循环最早由休哈特提出，而休哈特的同事戴明将其带到了日本，在日本得到了充分发展，并得到广泛应用，所以称之为戴明环。PDCA 循环的四部分（P、D、C、A）是密切联系的过程。首先进行策划（Planning），然后按策划结果实施（Do），实施的结果成为检查（Check）的依据，通过检查才能确认实施的效果，总结（Action）是检查的目的，通过总结，保留成功经验、改进不足，为制订下一个循环的计划创造条件，PDCA 循环就这样在管理工作中有效地转动着。它与产品实现及其他支持过程的策划、实施、控制和持续改进紧密相关，适用于所有过程，每一个过程都可以运用 PDCA 方法实现过程的持续改进，如图2-1

所示。

对每一个过程，PDCA 简述如下：

P——策划：根据顾客的要求和组织的方针，为提供结果建立必要的目标和过程。

D——实施：实施过程。

C——检查：根据方针、目标和产品要求，对过程和产品进行监视和测量，并报告结果。

图 2-1 PDCA 图

A——处置：采取措施，以持续改进过程业绩。

（4）体系与过程的关系。体系是由过程构成的，体系的输出是通过过程输出的积累和控制调整而获得的。

构成体系的过程可以是多个，也可以是一个。当体系由多个过程构成时，体系的输入（部分或全部）为过程 1 的输入，体系的输入（部分或全部）和过程 1 的输出（部分或全部）为过程 2 的输入，依此类推；过程 1，过程 2，…，过程 N 的输出（结果）积累和控制调整的最终输出（结果）为体系的输出（结果）。如果体系由一个过程构成，则过程的输入全部来自于体系的输入，体系的输出全部来自于一个过程的输出。

（5）组织实践过程方法的原则，可开展的活动包括：

1）确定体系和过程需要达到目标。

2）为管理过程确定职责、权限和义务。

3）了解组织的能力，事先确定资源约束条件。

4）确定过程相互依赖的关系，分析个别过程的变更对整个体系的影响。

5）对体系的过程及其相互关系进行管理，有效和高效地实现组织的质量目标。

6）确保获得过程运行和改进的必要信息，并监视、分析和评价整个体系的绩效。

7）管理能影响过程输出和质量管理体系整个结果的风险。

原则五：改进

简述：成功的组织持续关注改进。

理论依据：改进对于组织保持当前的绩效水平，对其内、外部条件的变化做出反应并创造新的机会，都是非常必要的。

对此项管理原则的理解，从以下几点把握：

（1）常言道："没有最好，只有更好。"一个组织要不断取得成功，就不能固步自封，要承认本组织有不断改进的需要，树立永远进取、持续改进的思想。

改进是增强满足要求的能力的含义在循环，循环，再循环，经历一个又一个"PD-CA"循环，永无止境，永恒改进，螺旋式地提升满足要求的能力。

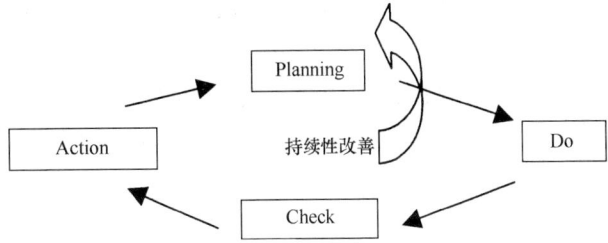

（2）要实现改进，通常运用 PDCA 循环，并将它转化为以下四个阶段八个步骤：

1）策划（P）阶段。

步骤 1：及时发现问题，正确把握现状。组织可以利用、评审活动，利用内外审核结果，分析监视和测量的数据，寻找存在的主要问题，确定主要改进目标。

步骤 2：针对确定的主要改进目标，包括产品/服务特性质量目标、过程质量目标、体系质量目标，运用各种有效方法分析产生问题的各种不同原因。

步骤 3：明确主要原因。在产生问题的各种不同原因中，确定主要原因，以便集中力量寻求改进机会。

步骤 4：寻找可能的解决办法。根据确定的主要原因，提出对策及拟定相应的行动计划，策划相互关联的实施过程及其顺序、需展开的活动，明确各过程和活动的接口、职责和权限，确定所需的文件、方法、工具、验收准则。选择解决办法时，也应考虑成本、效率、难易程度、可以获得的资源的便利程度。

2）实施（D）阶段。

步骤 5：实施选定的解决办法。按照确定的过程、活动及其顺序，活动人员各依明确的职责权限遵循文件规定的方法、工具，展开活动。

3）检查（C）阶段。

步骤 6：根据检验、试验、监视和测量、验证、确认、审核、评审的数据和信息，及顾客和相关方的反馈信息，对照验收准则，以判定是否已实现目标，确定进一步改进的机会。

4）处置（A）阶段。

步骤 7：如果判定未能实现目标，则需总结经验教训，重新策划过程和活动，改进实现的方法；如果判定已实现目标，则采纳更改，必要时，修改相关文件或删减文件。

步骤 8：提出下一个 PDCA 循环的改进目标。

（3）组织实践改进的原则，可开展的活动包括：

1）促进在组织的所有层次建立改进目标。

2）对各层次员工进行培训，使其懂得如何应用基本工具和方法实现改进目标。

3）确保员工有能力成功地制定和完成改进项目。

4）开发和部署整个组织实施的改进项目。

5）跟踪、评审和审核改进项目的计划、实施、完成和结果。

6）将新产品开发或产品、服务和过程的更改部纳入到改进中予以考虑。

7）赞赏和表彰改进。

原则六：循证决策

简述：基于数据和信息的分析和评价的决策，更有可能产生期望的结果。

理论依据：决策是一个复杂的过程，并且总是包含某些不确定性。它经常涉及多种类型和来源的输入及其理解，而这些理解可能是主观的。重要的是理解因果关系和潜在的非预期后果。对事实、证据和数据的分析可导致决策更加客观、可信。

对此项质量管理原则从以下几个方面理解：

（1）一项活动的成功与否，基础在于决策的理智、可靠。而有效的决策建立在对数据和信息进行合乎逻辑的分析和直观判断的基础上。组织管理者对重大问题决策正确与否，将会影响到组织的兴衰；能否对与质量有关的各个过程做出正确决策，也将直接影响到组织和过程的有效性和效率。因此，组织管理者在进行决策前一定要深入地调查研究，掌握第一手资料，决不能想当然，捕风捉影，搞闭门造车。"循证决策"为组织管理者提供了一种正确的决策方法和观念。

（2）实施"循证决策"会给组织带来以下益处：

1）组织内各级管理者的决策都实事求是、有据可依。

2）利用可比较的数据和信息可以制定出既实际、又富挑性的组织目标，及与其相适应的质量目标和部门、班组的分目标。

3）可以通过数据和信息来验证过去决策的正确性。

4）可以对各种意见和方案进行评审、质疑和更改，发扬民主决策的风气，使决策更切合实际。

（3）组织实践循证决策的原则，可开展的活动包括：

1）确定、测量和监视证实组织绩效的关键指标。

2）使相关人员能够获得所需的全部数据。

3）确保数据和信息足够准确、可靠和安全。

4）使用适宜的方法对数据和信息进行分析和评价。

5）确保人员对分析和评价所需的数据是胜任的。

6）依据证据，权衡经验和直觉进行决策并采取措施。

原则七：关系管理

简述：为了持续成功，组织需要管理与有关相关方（如供方）的关系。

理论依据：有关相关方影响组织的绩效。当组织管理与所有相关方的关系，以尽可能有效地发挥其在组织绩效方面的作用时，持续成功更有可能实现。对供方及合作伙伴网络的关系管理是尤为重要的。

对此项质量管理原则可以从以下几个方面理解：

（1）随着全球化市场的发展，组织的管理模式正在发生变化，组织间竞争规则已被改写。

进入20世纪90年代以后，经济全球化的进程加速，消费者的需求特征发生了前所未有的急剧变化，对组织参与竞争的能力提出了更高的要求，原有的管理思想和方法已不能适应新的形势。

一直以来，大多数组织都采用"纵向一体化"的管理模式，所谓"纵向一体化"管理模式，是指从毛坯铸造、零部件加工、装配、包装、运输、销售到售后服务，都由组织独自承担下来，形成了"大而全""小而全"的组织结构。在市场环境相对稳定的情况下，"纵向一体化"的管理模式，能够加强核心企业对原材料供应、产品制造、分销和销售全过程的控制，掌握经营主动权，增加利润。在竞争日趋激烈、需求不断变化、风险迅速增大的形式模式，面对变化已显得力不从心而且无法适应。事实上，每项业务活动都由自己亲力亲为，势必将使组织陷入必须面对每一个领域的竞争对手的被动局面，而若从事自己并不擅长的业务活动，更易使组织陷入困境。

现实的变化迫使人们不断地寻找对策，"横向一体化"的管理模式便由此应运而生。"横向一体化"的管理模式，以核心组织为龙头，选择最优秀的组织作为合作伙伴，形成一个从供应商、制造商、分销商到最终用户的物流网络和信息流网络。这个庞大网络上的相邻节点都表达为一种供求关系，称之为供应链。

以前通常是制造商、供应商、批发商各自分别与同业对手间的竞争，而在新世纪中，组织除了须靠自身力量与本行业的对手竞争外，还要凭借增强与供应链上的所有供应商的联盟实现竞争。为了满足最终用户对产品在性能、价格、款式、交货期和服务等方面越来越个性化的需求，同时为了尽可能降低经营成本，组织必须搞好与供方的关系。

（2）实现与全体供方的互利，可为组织带来以下好处：

1）确保供方提供优质产品/服务。建立与供方的合作关系，通过对供方有关人员的培训和双方合作改进，在双方组织的合适层次上双向沟通，从而利于问题的及时解决，避免因延误或误会或争议造成费用的损失，提高供方满足组织要求的能力，以确保供方提供的产品/服务更为及时、优质。

2）增强双方创造价值的能力。通过与供方，特别是关键供方共享专门技术和资源，例如，共同研究和制定采购过程要求和验收规范，使双方充分意识到双方利益的一致性，从而降低成本，增强创造价值的能力。

3）增强对市场变化的灵活和快速的反应能力。通过联合改进合作，其结果将超越双方各自改进的效果。通过深入的沟通，加深双方彼此的了解，利用供方对其所供产品市场的供求变化，促进组织进一步掌握顾客和市场需求和期望的变化，从而增强对市场变化灵活而快速的反应能力。

4）优化资源配置。与供方建立良好的合作关系可以降低成本，并通过对供方的人才培训，促进双方合作改进从而可以优化资源配置。

5）制定更富有挑战性的目标。通过双方真诚的合作，互相培训对方专业人才，吸收供方及早参与组织的产品设计和开发，有助于制定更富有挑战性的目标。

（3）组织实践关系管理的原则，可开展的活动包括：

1）确定组织和相关方（例如：供方、合作伙伴、顾客、投资者、雇员或整个社会）的关系。

2）确定需要优先管理的相关方的关系。

3）建立权衡短期收益与长期考虑的关系。

4）收集并与相关方共享信息、专业知识和资源。

5）适当时，测量绩效并向相关方报告，以增加改进的主动性。

6）与供方、合作伙伴及其他相关方共同开展开发和改进活动。

7）鼓励和表彰供方与合作伙伴的改进和成绩。

第二节 基 本 概 念

ISO 9000:2015标准第二条是基本概念和质量管理原则。它将七项质量管理原则应用于质量管理体系的要求，着眼于组织如何以正确的指导思想和方法来建立、实施和持续改进质量管理体系，确保质量管理体系运行的有效性和效率，它提出了以下5项基本概念：

（1）质量。

（2）质量管理体系。

（3）组织的环境。

（4）相关方。

（5）支持。

下面根据标准条文内容分别给予简要介绍。

一、质量

质量促进组织所关注的以行为、态度、活动和过程为结果的文化，通过满足顾客和相关方的需求和期望实现其价值。

组织的产品和服务质量取决于满足顾客的能力，以及对相关方有意和无意的影响。

产品和服务的质量不权包括其预期的功能和性能，而且还涉及顾客对其价值和利益的感知。

二、质量管理体系

质量管理体系包括组织确定的目标，以及为获得所期望的结果而确定的所要求的过程和资源。

质量管理体系管理为实现其价值以及相关方的结果所需要的相互作用的过程和资源。

质量管理体系能够使最高管理者通过考虑其决策的长期和短期影响而优化资源的利用。

质量管理体系提出了一种在提供产品和服务方面，针对预期和非预期的结果确定所采取措施的方法。

三、组织的环境

将组织的环境理解为一个过程。这个过程确定了影响组织的目的、目标和可持续性的各种因素。它既需要考虑内部因素，例如：组织的价值观、文化、知识和绩效，还需要考虑外部因素，例如：法律的、技术的、竞争的、市场的、文化的、社会的和经济的环境。

组织的目的可被表达为其愿景、使命、方针和目标。

四、相关方

相关方的概念超越了仅关注顾客，考虑所有的相关方是至关重要的。

识别相关方是理解组织的环境的过程的组成部分。相关方是指若其需求和期望未能满足，将对组织的持续发展产生重大风险的各方。组织应确定向相关方提供何种必要的结果以降低风险。

组织为了成功，应获取、得到和保持所依赖的相关方的支持。

五、支持

1. 总则

质量管理体系必须得到最高管理者的支持，并通过全员参与，以便能够：

——提供充分的人力和其他资源；

——监视过程和结果；

——确定和评估风险和机会；

——采取适当的措施。

应认真负责地获取、分配、维护、提高和处置支持组织实现其目标的资源。

2. 人员

人员是组织内必要的资源。组织的绩效取决于在体系内人员的工作表现。

在组织内，人员通过对质量方针和组织期望的结果的共同理解而积极参与并保持一致。

3. 能力

当所有员工认识到并利用了其岗位和职责所需的技能、培训、教育和经验时，质量管理体系是最有效的。为人员增加必要的能力提供机会是最高管理者的职责。

4. 意识

只有人员认识到自身的责任，以及他们的工作如何有助于实现组织的目标时，他们才能具有质量意识。

5. 沟通

策划并有效地开展内部（如整个组织内）和外部（如与相关方）沟通，以提高人员的参与程度并更加深入的理解：

——组织的环境；

——顾客和其他相关方的需求和期望；

——质量管理体系。

第三节 质量管理体系术语

在 ISO 9000:2015 标准中的第 3 部分内容，替代了 2005 版 ISO 9000 标准的内容。它共列出了 138 条术语，分为 13 大类别，它们是：

（1）有关人员的术语：6个。

（2）有关组织的术语：9个。

（3）有关活动的术语：13个。

（4）有关过程的术语：8个。

（5）有关体系的术语：12个。

（6）有关要求的术语：15个。

（7）有关结果的术语：11个。

（8）有关数据、信息和文件的术语：15个。

（9）有关顾客的术语：6个。

（10）有关特性的术语：7个。

（11）有关确定的术语：9个。

（12）有关措施的术语：10个。

（13）有关审核的术语：17个。

一、重点理解和掌握术语

以下几条是比较重要的术语，需重点理解和掌握。

1. 组织的环境

对组织建立和实现目标的方法有影响的内部和外部结果的组合。

注1：组织的目标可能涉及其产品和服务、投资和对其相关方的行为。

注2：组织的环境的概念，除了适用于赢利性组织，还同样能适用于非赢利或公共服务组织。

注3：在英语中，这一概念常被其他术语（如：商业环境、组织环境或组织生态系统）所表述。

注4：了解基础设施对确定组织的环境会有帮助。

组织对这一术语的理解要点可包括以下几个方面：

（1）组织环境是指所有潜在影响组织运行和组织绩效的因素，包括内部和外部因素与条件。内部因素有：组织的价值观、文化、知识和绩效；外部因素有：法律的、技术的、竞争的、市场的、文化的、社会的和经济的环境。

（2）组织的环境的术语，适用于赢利性组织和非赢利或公共服务组织。

（3）组织的环境类型，可分为：

1）根据环境系统的特性可分为简单-静态环境、复杂-静态环境、简单-动态环境和复杂-动态环境四种类型；

2）以组织界线（系统边界）可以分为内部环境和外部环境。

组织内部环境，是指组织的价值观、文化知识和绩效。影响管理活动的组织内部环境包括物理环境、心理环境、文化环境等。

组织外部环境，是指组织所处的社会环境。外部环境可以分为一般和特定外部环境。一般外部环境包括的因素有社会人口、文化、经济、政治、法律、技术、资源等，它们对组织的影响是间接的，长远的；特定外部环境是指能更直接地影响某个组织的微观环境。

（4）2015版标准有两个新的条款与组织的环境有关，它们分别是条款4.1"理解组织及其环境"和条款4.2"理解相关方的需求和期望"。

2. 过程

利用输入提供预期结果的相互关联或相线作用的一组活动。

注1：过程的"预期结果"究竟称为输出、产品或服务，随相关语境而定。

注2：一个过程的输入通常是其他过程的输出，而一个过程的输出又通常是其他过程的输入。

注3：两个或两个以上相互关联和相互作用的连续过程也可属于一个过程。

注4：组织中的过程通常在可控条件下进行策划和执行，以增加价值。

注5：不易或不能经济地验证其输出是否合格的过程，通常称之为"特殊过程"。

组织对这一术语的理解要点可包括以下几个方面：

（1）过程是由输入、内部相关联或相互作用的活动以及预期的输出组成。过程因管理而产生，有管理就有过程。

（2）过程具有连续性，一个过程的输入通常是其他过程的输出。一个过程的输出则可作为其他过程的输入而相互关联，形成过程网络。

（3）对过程进行策划并使其在受控条件下运行，获得预期的输出，以达到过程增值。过程增值是指过程具有价值。过程增值表现在：过程的结果得到承认，过程在受控条件下完成，输出结果是组织需要的。

（4）"特殊过程"形成的产品质量还没有测量方法，或必须进行破坏性试验，或不易或不能经济地进行验证。例如焊接、大型混凝土浇捣或电镀过程。特殊过程的控制思路通常是"控制前移"，就是对影响产品质量的因素（如人员、设备、原材料、零部件、工艺方法、生产环境等）所具备的能力是否满足产品质量要求进行预先确认，然后再通过对过程控制确保这些因素始终处于所确认的合格状态，以此来确保特殊过程所生产的产品的质量一致性。

3. 外包

安排外部组织执行组织的部分职能或过程。

注：虽然外包的职能或过程是在组织的业务范围内，但是承包的外部组织是处在组织的管理体系覆盖范围之外。

组织对这一术语的理解要点可包括以下几个方面：

（1）组织把原本应由自己实施的工作（或对顾客做出承诺的工作）交由其他组织去做称之为外包。

（2）外包的特征是组织的职能或过程由外部组织去执行。组织通过自身资源动态地配置和对外部资源的有效利用，使组织本身与其他组织的功能和服务相互交叉，实现组织的职能。

（3）组织必须确保充分实施和控制外包过程：

1）组织可以把原属于自己的工作活动外包，但是不能外包责任。

2）外包组织可以是与组织同属一个大组织的另外的一个组织。

3）外包可以是短期的合作关系，也可以是长期的合作关系。

4．实体

可感知或想象的任何事物。

示例：产品、服务、过程、人、组织、体系、资源。

注：实体可能是物质的（如：一台发动机、一张纸、一颗钻石），非物质的（如转换率、一个项目计划）或想象的（如：组织未来的状态）。

组织对这一术语的理解要点可包括以下几个方面：

（1）质量管理的对象是实体，各项活动的对象也是实体。管理始于实体，终于实体。

（2）实体是可以被感知的对象，也可以是可想象的对象，是人们与社会和环境接触中的对象，一般指行动或思考时作为对象的事物。

（3）实体可以是非物质的，例如危机意识、质量意识、集体意识、企业文化、创新力等。但非物质的实体不单指意识，它广泛存在于一切物质（如：转换率、一个项目计划）。

（4）实体可以是物质的，如一台汽车、一张纸、医疗服务、具体的产品、过程、个人、组织、资源。

5．质量

实体的若干固有特性满足要求的程度。

注1：术语"质量"可使用形容词（如：差、好或优秀）来修饰。

注2："固有的"（其反义是"赋予的"）意味着存在于实体内。

组织对这一术语的理解要点可包括以下几个方面：

（1）"特性"指可区分的特征。特性可以是固有的或赋予的，可以是定量的或定性的。特性类别多，如物理的、感官的、行为的、时间的、功能的。固有特性指某事物本来就有的特性，如直径、材质、功率、噪声、可靠性、电阻、电感、接通电话的时间等。赋予特性是人为的，在产品完工后所增加的特性，如产品价格、交货期、运输要求和售后服务要求（如保修期）等特性。

（2）质量是若干固有特性（通常不只一个）的表现，通过这些表现满足要求的程度，确定其好坏、优劣。

（3）组织的行为、态度、活动和过程影响质量，通过满足顾客和相关方的需求和期望实现其价值。

（4）质量不仅可以指产品的质量，也可以指服务、过程或体系的质量。对质量的要求可以是明示的，也可以是通常隐含的（组织和相关的惯例，所考虑的需求或期望是不言而喻的）或必须履行的需求和期望（如安全）。

（5）顾客和其他相关方对产品、服务、体系或过程的质量要求随着时间、地点、环境的变化而变化。产品和服务的质量不仅包括其预期的功能和性能，而且还涉及顾客对其价值和利益的感知。

（6）在比较质量好坏时，应注意在同一"等级"的基础上比较。等级高并不意味着质量一定好，等级低也并不意味着质量一定差。

（7）人为赋予的特性不属于"质量"所关注的范畴，例如价格、所有者。

6. 输出

过程的结果。

注：组织的输出是产品还是服务，取决于其主要特性，如：画廊卖的一幅画是产品，而委托绘画则是服务。在零售店买的汉堡包是产品，而在饭店订一份汉堡包则是服务。

组织对这一术语的理解要点可包括以下几个方面：

（1）一般而言，输出分为四大类：

1）服务（如培训）；

2）软件（如游戏程序、词典）；

3）硬件（如机械零部件）；

4）流程性材料（如润滑油）。

（2）大多数情况下，术语"产品"和"服务"会通常在一起使用。组织提供给顾客或外部供方提供给组织的大部分输出往往同时包含产品和服务，例如一个有形产品伴随着一些无形的服务或一项无形的服务伴随着一些有形的产品。

（3）服务与产品的差异如下：

1）服务是一种无形的过程——不能称量，而产品是有形的产出。例如，服务创新无专利。

2）服务具有时间依赖性、易消亡的特征，而产品不是。

3）服务须与顾客互动，而产品不需要。

4）服务具有多变性，而产品相对固定。

5）产品的所有权通常可以转让，而服务却不一定。

6）服务的细节控制与产品不同。例如服务要考虑配套设施的地理位置、装修风格、通道设置、设施布局等顾客的需求与偏好，而产品的生产设备因无需面对顾客而不必考虑上述问题。

7）服务与产品在输出的种类、一致性、表现形式和数量、质量方面不同。

（4）组织的输出通常都包含有产品和服务内容，但是因组织的特点不同，产品和服务的组成比例不同。组织的输出是产品还是服务，要取决于其主要特征。

7. 产品

在组织和顾客之间未发生任何交易的情况下，组织生产的输出。

注1：在供方和顾客之间未发生任何必然交易的情况下，可以实现产品的生产。但是，当产品交付给顾客时，通常包含服务因素。

注2：通常，产品的主要特征是有形的。

注3：硬件是有形的，其量具有计数的特性（如轮胎）。流程性材料是有形的，其

量具有连续的特点（如燃料和软饮料）。硬件和流程性材料经常被称为货物。软件由信息组成，无论采用何种介质传递（如：计算机程序、移动电话应用程序、操作手册、字典、音乐作品版权、驾驶执照）。

组织对这一术语的理解要点可包括以下几个方面：

（1）产品是输出的一种形式。产品与服务概念同属过程输出，与服务的区别是"是否与顾客接触"。产品是指在供方和顾客之间未发生任何必然交易的情况下，可以实现产品的生产。当产品交付给顾客时，通常包含服务因素。

（2）产品类别分三种：

1）硬件。通常是具有特定形状的可分离的产品，具有计数的特性，如：8 台电视机、50 张桌子、3 只轮胎。

2）流程性材料。通常是通过将原材料转化为某一预定形态所形成的有形产品。流程性材料通常是有形产品，具有连续的特性。其状态可以是液体、气体、粉状、粒状、块状、线状或板状，通常以桶、袋、瓶等形态进行交付，例如，饮料、润滑油、燃料。

3）软件。通常由信息组成。把方法、科技论文或程序等储存于某种媒体上。如计算机程序、操作手册、字典。

4）ISO 9001 标准关注的产品是预期提供给顾客或顾客所要求的产品。非预期的产品，如废弃物、污染物等，不是质量管理关注的对象。

5）组织交付产品后往往伴随着"服务"的产生，如安装调试、维修、保养等。

8. 服务

至少有一项活动必须在组织和顾客之间进行的输出。

注 1：通常，服务的主要特征是无形的。

注 2：通常，服务包含与顾客在接触面的活动，以确定顾客的要求。除了提供服务外，可能还包括建立持续的关系，例如：银行、会计师事所或政府主办机构（如学校或医院）。

注 3：服务的提供可以涉及，例如：

——在顾客提供的有形产品（如需要维修的汽车）上所完成的活动；

——在顾客提供的无形产品（如为准备纳税申报单所需的损益表）上所完成的活动；

——无形产品的交付（如知识传授方面的信息提供）；

——为顾客创造氛围（如在宾馆和饭店）。

注 4：通常，服务由顾客体验。

组织对这一术语的理解要点可包括以下几个方面：

（1）服务是输出的一种形式，服务是无形的输出。与产品的区别是：至少有一项活动必须在供方和顾客之间的接触面上完成。

（2）顾客接触是指：组织在服务提供前、中和后这三个阶段，通过其活动始终与顾客保持相互联系并且发生相互作用的过程。接触过程是连续的和不能中断的，贯穿于服务提供的全过程，是服务提供的起点和终点。

（3）通常，服务是需要由顾客体验的，在接触过程中，组织和顾客可能由人员或物体来代表。

服务的时间和空间特征构成了不同于有形产品的基本特征。

服务的提供可能涉及如下活动：

1）在顾客提供的有形产品（如需要维修的汽车）上完成的活动。

2）在顾客提供的无形产品（如为准备纳税申报单所需的损益表）上完成的活动。

3）无形产品的交付（如知识传授方面的信息提供）。

4）为顾客创造氛围（如在宾馆和饭店）。

（4）服务的对象是顾客。有形产品的提供和使用可能成为服务的一部分，但有形产品在这里仅仅被视为服务的手段或外壳。

9. 风险

不确定性的影响。

注1：影响是指偏离预期，可以是正面的或负面的。

注2：不确定性是一种对某个事件，甚至是局部的结果或可能性缺乏理解或知识的信息的状态。

注3：通常，风险表现为参考潜在事件和后果或两者组合。

注4：通常，风险以某个事件的后果组合（包括情况的变化）及其发生的有关可能性的词语来表达。

注5："风险"一词有时仅在有负面结果的可能性时使用。

组织对这一术语的理解要点可包括以下几个方面：

（1）"影响"是对"预期"的偏差，可以是积极的，也可以是消极的。"不确定性"是指：对某一事件和其后果或可能性的理解或知识相关的信息的缺陷的状态，或不完整。

（2）组织存在的风险多种多样。按照影响对象分，有财产风险、人身风险、责任风险、信用风险；按照产生原因分，有自然风险、社会风险、政治风险、经济风险、技术风险等；按照性质分，有环境风险、过程风险和决策风险。

（3）质量管理体系关注的是与质量有关的风险。质量风险通常是组织在价值实现和机会把控中的质量经营风险（质量文化风险、质量战略风险）、产品实现风险（设计开发、生产/服务提供，监视、测量等）、管理风险以及产品和服务的责任风险等。

10. 形成文件的信息

组织需要控制和保持的信息及其载体。

注1：形成文件的信息可以任何格式和载体存在，并可来自任何来源。

注2：形成文件的信息可包括：

——管理体系，包括相关过程。

——为组织运行产生的信息（一组文件）。

——结果实现的证据（记录）。

组织对这一术语的理解要点可包括以下几个方面：

（1）组织在质量管理方面形成文件的信息是组织在质量管理范畴内需要加以控制和保持的信息及其储存介质。

（2）组织在质量管理活动中应适时地将质量管理信息形成适用的文件信息。形成的文件信息可涉及以下方面：

1）质量管理体系包括的相关过程。

2）为用于组织的运行而创建的信息（通常是系列信息）形成的文件。

3）已实现的结果的证据（记录）。

（3）组织控制和保持成文信息的主要目的有：

1）信息的沟通——作为信息传输和沟通的工具。成文信息的类型和程度将取决于组织的产品和过程的性质、沟通方式的正式程度、沟通技能的水平，以及组织的文化。

2）符合性证据——提供证据证明策划的事项已实际完成。

3）知识分享。

4）传播和保存组织的经验。如技术规范，可用于设计和开发新产品和服务的基础。

11. 目标

要实现的结果。

注1：目标可以是战略的、战术的或运行的。

注2：目标可以涉及不同的领域（如：财务的、职业健康与安全的和环境的目标），并可应用于不同的层次（如：战略的、组织整体的、项目的、产品和过程的）。

注3：可以采用其他的方式表述目标，例如：采用预期的结果、活动的目的或操作规程作为质量目标，或使用其他有类似含意的词（如：目的、终点或指标）。

注4：组织制定的质量管理体系的质量目标，与质量方针保持一致，以实现特定的结果。

组织对这一术语的理解要点可包括以下几个方面：

（1）组织目标可以分为战略性目标、战术性目标以及运行层面的具体目标。

（2）质量目标依据组织的质量方针制定，质量目标的制定要遵循自上而下的目标分解和自下而上的目标期望相结合的原则。

目标制定通常情况下遵守 SMART 原则：

1）S（Specific）——具体。绩效目标应具体明确，不能笼统，尽可能量化为具体数据。

2）M（Measurable）——可测量。绩效指标应是可以衡量的（如变频电动机一次检验合格率达98％以上）。

3）A（Attainable）——可达成。应根据组织的资源、人员技能和管理流程配备程度来设计目标，避免设立过高或过低的目标。

4）R（Relevant）——相关联。各项目标之间有关联，相互支持，符合实际。

5）T（Time-bound）——时限。各项目标应明确完成时限，便于监测评价。

（3）制定的目标应在组织内沟通、传达。最高管理者应向全体员工宣讲组织战略目标，向部门经理讲解重要的经营目标和管理目标；部门之间的相互了解、认可关联性的目标；部门经理和下属沟通、传达部门目标，了解确认下属员工的个人目标。

12. 绩效

可测量的结果。

注1：绩效可能涉及定量的或定性的结果。

注2：绩效可能涉及活动、过程、产品、服务、体系或组织的管理。

组织对这一术语的理解要点可包括以下几个方面：

（1）绩效是组织为实现其目标而展现在不同层面的有效输出，可以是定量的或定性的。绩效包括个人绩效和组织绩效两个方面。组织绩效应设计合理，能层层分解到相关工作岗位。应确定绩效测量周期，明确绩效考核重点。绩效可能涉及质量管理体系的活动、过程、产品、服务、体系或组织的管理各个层面。

（2）ISO 9001标准强调质量管理体系的绩效和有效性，在标准多个条款中得到了体现：

1）4.1条款：要求组织确定影响实现质量管理体系预期结果的能力的外部和内部因素。

2）4.4条款：要求组织确定过程绩效指标，以确保过程有效运行。

3）5.1.1条款：要求最高管理者发挥领导作用，确保质量管理体系实现其预期结果。

4）5.3条款：要求最高管理者要关注质量管理体系绩效和有效性，需要分派职责和权限，报告质量管理体系的绩效和改进机会。

5）6.1.1条款：要求组织能够应对风险和机遇，确保质量管理体系实现预期的结果。

6）7.2条款：要求组织确定影响质量管理体系绩效和有效性的员工所需具备的能力。

7）7.3条款：要求员工能意识到他们对质量管理体系有效性的贡献，包括改进绩效的益处。

8）7.5.1条款：要求组织确定为确保质量管理体系有效性所需的成文信息。

9）9.1条款：组织应评价质量管理体系绩效和有效性。

10）9.2条款：是否得到有效的实施和保持。

11）9.3条款：有关质量管理体系绩效和有效性的信息，包括其趋势。

12）10.1条款：改进质量管理体系的绩效和有效性。

13）10.3条款：组织应持续改进质量管理体系的适宜性、充分性和有效性。

二、给予充分关注术语

除了以上重点理解的术语外，还需对以下几条术语给予充分关注。

1. 最高管理者

在最高层指挥和控制组织的一个人或一组人。

注1：最高管理者在组织内有授权和提供资源的权力。

注2：如果管理体系的范围仅覆盖组织的一部分，在这种情况下，最高管理者是指组织的这部分的管理者和控制者。

2．组织

为实现其目标而具有其自身职能及职责、权限和相互关系的个人或一组人。

注：组织的概念包括但不限于代理商、公司、集团、商行、企事业单位、行政机构、股份公司、社团慈善机构或研究机构，或上述组织的部分或组合，无论是否为法人组织、公有的或私有的。

3．顾客

能够或实际接受本人或本组织所需要或所要求的产品或服务的个人或组织。

示例：消费者、委托人、最终使用者、零售商、内部过程的产品或服务的接收人、受益者和采购方。

4．供方

提供产品或服务的组织。

示例：制造商、批发商、产品或服务的零售商或商贩。

注1：供方可以是组织内部的或外部的。

注2：在合同情况下，供方有时称为"承包方"。

5．质量管理

关于质量的管理。

注：质量管理可包括制定质量方针和质量目标，以及通过质量策划、质量保证、质量控制和质量改进，实现这些质量目标的过程。

6．程序

为进行某项活动或过程所规定的途径。

注：程序可以形成文件，也可以不形成文件。

7．要求

明示的、通常隐含的或必须履行的需求或期望。

注1："通常隐含"是指组织和相关方的惯例或一般做法，所考虑的需求或期望是不言而喻的。

注2：规定要求是经明示的要求，如在形成文件中阐明。

注3：特定要求可使用限定词表示，如产品要求、质量管理要求、顾客要求、质量要求。

注4：要求可由不同的相关方或组织自己提出。

注5：为实现较高的顾客满意度，可能有必要满足顾客既没有明示、也不是通常隐含或必需履行的期望。

8．文件

信息及其载体。

示例：记录、规范、程序文件、图样、报告、标准。

注1：媒介可以是纸张，磁性的、电子的、光学的计算机盘片，照片或标准样品，或它们的组合。

注2：一组文件，如若干个规范和记录，英文中通常称为"documentation"。

注3：某些要求（如易读的要求）与所有类型的文件有关，然而对规范（如修订受控的要求）和记录（如可检索的要求）可以有不同的要求。

9. 质量手册

组织的质量管理体系的规范。

注：为了适应组织的规模和复杂程序，质量手册在其详略程度和编排格式方面可以不同。

10. 质量计划

何时，并由谁对特定的实体应用程序和相关资源的规范。

注1：这些程序通常包括所涉及的质量管理过程以及产品和服务实现过程。

注2：通常，质量计划引用质量手册的部分内容或程序文件。

注3：质量计划通常是质量策划的结果之一。

11. 记录

阐明所取得的结果或提供所完成活动的证据的文件。

注1：记录可用于正式的可追溯性活动，并为验证、预防措施和纠正措施提供证据。

注2：通常，记录不需要控制版本。

12. 特性

可区分的特征。

注1：特性可以是固有的或赋予的。

注2：特性可以是定性的或定量的。

注3：有各种类别的特性，如：

1）物理的（如：机械的、电的、化学的或生物学的特性）；

2）感官的（如：嗅觉、触觉、味觉、视觉、听觉）；

3）行为的（如：礼貌、诚实、正直）；

4）时间的（如：准时性、可靠性、可用性、连续性）；

5）人因工效的（如：生理的特性或有关人身安全的特性）；

6）功能的（如：飞机的最高速度）。

13. 评审

为了实现所规定的目标，实体的适宜性、充分性或有效性的测定。示例：管理评审、设计和开发评审、顾客要求评审、纠正措施评审和同行评审。

注：评审也可包括效率测定。

14. 监视

测定体系、过程、产品、服务或活动的状态。

注1：测定状态可能需要检查、监督或密切观察。

注 2：通常，监视是在不同的阶段或不同的时间，对实体状态的测定。

15. 测量

确定数值的过程。

注：确定的数值通常是定量的。

16. 预防措施

为消除潜在不合格或其他潜在不期望情况的原因所采取的措施。

注 1：一个潜在不合格可以有若干个原因。

注 2：采取预防措施是为了防止发生，而采取纠正措施是为了防止再发生。

17. 纠正措施

为消除不合格的原因并防止再发生所采取的措施。

注 1：一个不合格可以有若干个原因。

注 2：采取纠正措施是为了防止再发生，而采取预防措施是为了防止发生。

18. 纠正

为消除已发现的不合格所采取的措施。

注 1：纠正可连同纠正措施起实施，在其之前或之后。

注 2：返工或降级可作为纠正的示例。

第三章

ISO 9001：2015 的理解

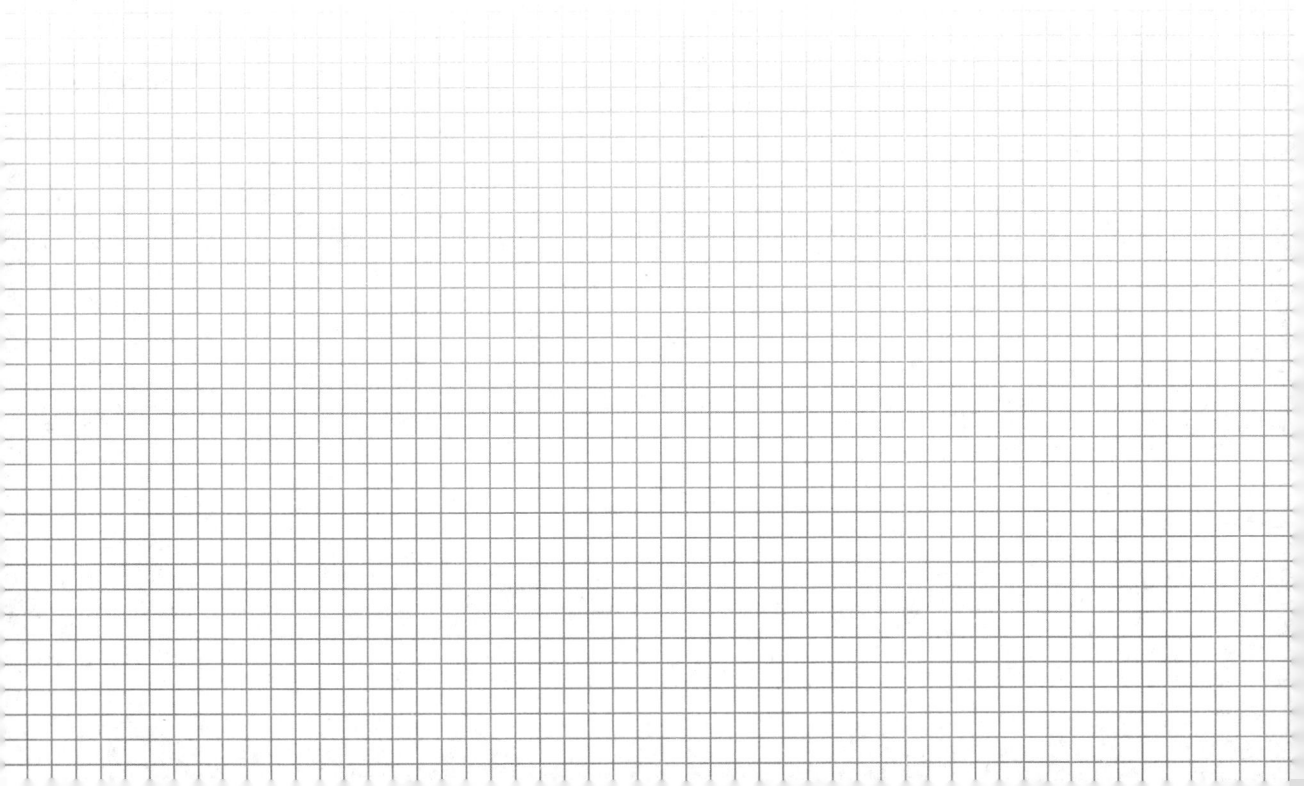

一个组织的管理者在决定导入 ISO 9001：2015 标准时，就意味着做出了一个长期的影响组织全局的战略性决策，组织就必须按照 ISO 9001：2015 标准条款的要求，按照七项质量管理原则设计、建立、保持和改进质量管理体系。

1. ISO 9001：2015 标准的适用范围

ISO 9001：2015 规定的是一种通用要求，适用于各种类型，如政府、公司、商行、事业单位、研究机构、慈善机构、代理商、社团、不同规模（大、中、小型，从几个人到十几万的组织），不同产品（硬件、软件、流程性材料）和服务。ISO 9001 所提出的要求重点面向"质量管理体系"，并非对产品本身的要求做出规定。

2. ISO 9001：2015 标准的作用

ISO 9001 标准一方面适用于组织内部自身的质量管理，检验满足组织自身要求的能力，并对组织内部的体系加以评价；同时它还适用于组织外部，包括顾客和认证机构等组织满足顾客和法律法规要求的能力的评定，其中包括了第二方、第三方认证。针对不同行业的特有性质（如汽车、通信、航天行业），单独建立专门行业的质量管理体系要求时本标准还可作为参考。

3. 过程方法的作用

ISO 9001 标准鼓励组织的建立、实施质量管理体系及改进共有效性采用的过程方法，通过满足顾客要求，增加顾客满意。因为，过程方法可为组织提供识别每一过程的基本原则和方法。组织首先要识别过程，进而依据这些原则和方法研究过程之间的相互关系和相互影响，寻找内在规律并采用适当方法进行有效控制。图 3-1 所示是单一过程

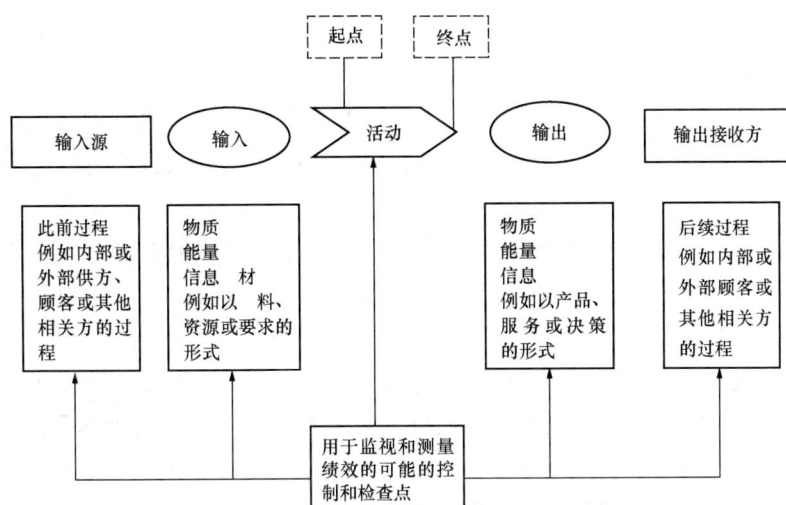

图 3-1　单一过程各要素示意图

各要素示意图。

　　单一过程各要素示意图体现了质量大师戴明提出的用于流程管理和改进技术的SIPOC模型。戴明认为，任何一个组织过程都是一个由输入源（Supplier）、输入（Input）、活动（Process）、输出（Output）、输出接收方（Customer）这样相互关联、互动的5个部分组成的系统。SIPOC过程要素模型，读作"塞一帕克"。

　　SIPOC模式提醒对每个作业单元和过程，都必须看到它从上游（供应商）到下游（客户）这样一个完整的过程。它将组织以外的部分——客户和供应商，与组织主体部分放在一起，作为一个整体来研究。

　　ISO 9001标准结构也可用过程方法模式来解释。ISO 9001标准在模式图中，强调了顾客在明确过程输入要求中扮演的重要角色。为了评价和确认产品实现过程的输入——顾客要求是否得以满足，对顾客满意的监控就显得尤为重要。通过信息反馈来测定顾客满意度、评价质量管理体系的业绩是实现监控的有力手段，所以组织只有不断地施行监控和改进，才能最终完成"提供给顾客满意产品"这一预先策划的输出结果。此外，"PDCA"循环对于所有过程适用。PDCA的每一环节始终是以"过程"作为控制和管理的对象，PDCA循环同样是以实现顾客满意的产品为最终目标。

　　4. ISO 9001与ISO 9000和ISO 9004的关系

　　ISO 9000《质量管理体系 基础和术语》为正确理解和实施ISO 9001标准提供必要的基础。ISO 9000详细描述的七项质量管理原则，是ISO 9001标准所规定具体要求的基础。ISO 9000定义的术语、定义和概念是理解ISO 9001标准要求的基础。

　　ISO 9004《追求组织的持续成功质量管理方法》为追求超越ISO 9001标准要求的组织提供了指南，使其能够借助持续成功的方法改进组织整体绩效。ISO 9004包括组织自我评价的方法，组织能够籍此评价质量管理体系的成熟度水平。用于认证或合同不是ISO 9004的目的。

　　ISO 9001规定了质量管理体系要求，可供组织内部应用，也可用于认证或合同目的，在满足顾客要求方面，ISO 9001所关注的是质量管理体系的用效性。

　　5. ISO 9001：2015与其他管理体系的相容性

　　ISO 9001：2015标准不包括其他管理体系的特定要求，但在制定该标准时，已经考虑到EMS、OHSMS条款行文上趋近，对那些通用性较强的活动和过程，尽可能一一对应，以增强相容性。

　　组织为了建立符合ISO 9001标准要求的质量管理体系，可能会改变正在运行的其他管理体系。有的组织正在运行环境管理体系，或职业健康安全管理体系，或社会责任管理体系，在建立质量管理体系时，将涉及调整组织结构和职责、权限，重新配置资源。对此，组织需要进行策划，最好制订整合方案或调整计划，应整合成"一体化"的管理体系，并评价组织实现满足各种要求的目标的整体有效性。

一、理解组织及其环境

1. 标准原文

4　组织的环境

4.1　理解组织及其环境

组织应确定与其目标和战略方向相关并影响其实现质量管理体系预期结果的各种外部和内部因素。

组织应对这些内部和外部因素的相关信息进行监视和评审。

注 1：这些因素可以包括需要考虑的正面和负面要素或条件。

注 2：考虑国际、国内、地区和当地的各种法律法规、技术、竞争、市场、文化、社会和经济因素，有助于理解外部环境。

注 3：考虑组织的价值观、文化、知识和绩效等相关因素，有助于理解内部环境。

2. 理解要点

（1）与组织目标和战略方向相关的内外部因素（包括正面和负面）可能会影响到质量管理体系达成期望结果的能力。

（2）内部因素包括：

1）资源因素，如基础设施、过程运行环境、组织的知识。

2）人力因素，如人员能力、意识工会协议。

3）运营因素，如过程、生产或交付能力、质量管理体系绩效、顾客评价。

4）组织治理因素，如决策的规则和程序及组织架构。

5）财务因素，如现金流的充裕性、回款及时性。

（3）外部因素包括：

1）宏观经济学因素，如货币兑换汇率预测、国家经济走向、通货膨胀预测、信贷因素。

2）社会因素，如本地失业率、安全感、教育水平、公共假日及工作时间。

3）政治因素，如政治稳定性、公共投入、本地基础设施、国际贸易协议。

4）技术因素，如新领域科技、材料及设备、专利有效期，职业道德准则。

5）竞争力，包括组织市场占有率、相似或可替代产品及服务、市场领先者趋势、顾客增长趋势、市场稳定性。

6）影响工作环境的因素，例如法律法规要求、包括环境法规及行为准则。

（4）组织可通过多种途径获取内外部因素的信息，例如新闻报道、网站、政府部门出版物、行业和技术出版物、会议、行业协会等。

(5) 组织应对这些内外部因素进行整理和分析，开展组织环境分析的方法很多，如宏观环境 PEST 分析、SWOT 分析、行业环境分析、竞争力分析、价值链分析等，组织可选择适合组织自身特点和类型的分析方法。

1) 宏观环境 PEST 分析模型介绍。不同行业和组织根据自身特点和经营需要，分析的具体内容会有差异，但一般都应对政治（political）、经济（economic）、社会（social）和技术（technological）这四大类影响组织的主要外部环境因素进行分析。PEST 分析模型如表 3-1 所示。

表 3-1 PEST 分析模型

外部环境因素	分析模型
政治（political）	(1) 产品质量法、计量法； (2) 合同法、招投标法； (3) 环境保护法、节能法； (4) 安全生产法、职业病防治法； (5) 与产品和服务有关的法律、法规； (6) 政局体制、种族矛盾
经济（economic）	(1) 人力成本、市场经济成熟度； (2) 国家基础设施、能源供应； (3) 通胀、失业率； (4) GDP 趋势、家庭收入变化趋势； (5) 利率、货币供给； (6) 国家经济发展战略
社会（social）	(1) 组织面临的顾客群； (2) 顾客消费态度、购买方式； (3) 教育水平； (4) 工作期望水平； (5) 生活方式、生活质量要求
技术（technological）	(1) 知识产权保护等； (2) 新技术开发、创新能力； (3) 工业化、信息化； (4) 政府对基础研究的投入； (5) 政府对技术的重视

2) 行业环境分析。行业环境是组织生存、发展的空间，也是对企业生产经营活动最直接产生影响的环境。组织开展行业环境分析具有更强的针对性，分析时应考虑以下内容：①行业的经济特性是什么？②行业中发挥作用的竞争力有哪些？③行业中的变革驱动因素有哪些？它们有何影响？④竞争地位最强和最弱的公司分别有哪些？⑤决定成败的关键因素有哪些？⑥行业吸引力是什么？

(6) 监视和评审组织的内外部因素。组织的内外部因素是动态变化的，因此，需要对这些因素定期进行监控和评审。以便应对变化带来的风险和机遇，持续改进质量管理体系。对组织的内外部环境评审通常由高层领导主持，相关部门参与，必要时可邀请专业机构协助。利用管理评审、经营分析会、战略分析会等形式，对收集的内外部因素及其变化进行适当的评审，以便采取必要的措施。

二、理解相关方的需求和期望

1. 标准原文

4.2 理解相关方的需求和期望

由于相关方对组织持续提供符合顾客要求和适用法律法规要求的产品和服务的能力产生影响或潜在影响，因此，组织应确定：

a) 对质量管理体系产生影响的相关方；

b) 这些相关方对质量管理体系的要求。

组织应对这些相关方及其要求的相关信息进行监视和评审。

2. 理解要点

（1）"相关方"是指可影响决策或活动、受决策或活动影响、或自认为受决策或活动影响的个人或组织。相关方可以是顾客、受益人、业主、股东、员工、供方、银行、监管机关、工会、非政府组织、合作伙伴以及竞争对手。

（2）每个相关方的需求和期望是不同的。例如顾客的需求和期望是价廉物美、服务好；员工的需求和期望是收入高、好环境；股东的需求和期望是盈利能力；供方的需求和期望是互利和长期合作。一个组织的质量管理体系的建立和实施时，只有充分考虑与质量管理体系有关的相关方的需求，才能平衡相关方的利益，质量管理体系的有效性才能得到保障。

（3）为了解相关方的需求及期望，组织可通过头脑风暴、网络、水平对比、游说、市场调研、行业分析资料等方式获取。

（4）由于组织相关方的变化、时间的推移、环境的变化，相关方的要求也会发生变化。因此，组织应监视和评审相关方及其需求的变化，将其作为体系策划和改进、管理评审的信息输入。

三、确定质量管理体系的范围

1. 标准原文

4.3 确定质量管理体系的范围

组织应明确质量管理体系的应用边界（部门和适用领域），以确定其范围。

在确定范围时，组织应考虑：

a) 各种内部和外部因素，见4.1；

b) 相关方的要求，见4.2；

c) 组织的产品和服务。

如果本标准中的要求适用于确定的质量管理体系范围，组织应遵循本标准的全部要求（组织应实施所确定的质量管理体系应用范围的本标准的全部要求）。

组织的质量管理体系范围应作为形成文件的信息加以保持。该范围应描述所覆盖的产品和服务类型，若组织认为其质量管理体系的应用范围不适用本标准的某些要求，应说明理由。

那些不适用组织的质量管理体系的要求，不能影响组织确保产品和服务合格以及增强顾客满意的能力或责任，否则不能声称符合本标准。

2. 理解要点

(1) 边界是指组织确定的物理界限、场所界限，边界可以是一个或多个过程、一个场所、一个完整的组织或一个组织所控制的多个场所。组织根据内外部因素、相关方的要求、组织的产品和服务，界定质量管理体系的边界和适用性，以确定其范围。

(2) ISO 9001：2015 的附录 A.5 "适用性" 指出："组织可依据其规模和复杂程度、所采用的管理模式、活动领域以及所面临风险和机遇的性质，对相关要求的适用性进行评审。"

组织按过程方法建立质量管理体系，只要这些过程能确保实现 QMS 期望的结果即可。组织不必要把很多精力用在寻找排除标准某条要求的理由上。证实纳入某条要求的合理性比证实排除某条要求的合理性更有意义，也更方便和具有价值。

在确定标准的某个要求是否适用于组织时，可通过回答下列问题来寻找答案：

1) 如果没有这个要求会出现什么问题？

2) 满足这个要求会增强顾客的信任吗？

3) 如果组织对这个要求不承担责任，那么谁对此负责？

4) 这是所要求的过程，但却外包给了第三方，组织的责任是什么？

(3) 组织的质量管理体系的范围应作为成文信息，可获得并加以保持，质量管理体系范围通常应描述覆盖的产品、服务、过程（活动）、部门（机构）和场所等范围。

四、质量管理体系及其过程

1. 标准原文

4.4 质量管理体系及其过程

4.4.1 组织应按照本标准的要求，建立、实施、保持和持续改进质量管理体系，包括所需过程及其相互作用。

组织应确定质量管理体系所需的过程及其在整个组织内的应用，且应：

a) 确定这些过程所需的输入和期望的输出；

b) 确定这些过程的顺序和相互作用；

c) 确定和应用所需的准则和方法（包括监视、测量和相关绩效指标），以确保这些过程的运行和有效控制；

d）确定并确保获得这些过程所需的资源；

e）规定与这些过程相关的责任和权限；

f）应对按照 6.1 的要求所确定的风险和机遇；

g）评价这些过程，实施所需的更改，以确保实现这些过程的预期结果；

h）改进过程和质量管理体系。

4.4.2 在必要的程度上，组织应：

a）保持形成文件的信息以支持过程运行；

b）保留确认其过程按策划进行的形成文件的信息。

2. 理解要点

（1）质量管理体系总体要求：

1）质量管理体系应按照标准提出的各项要求进行策划建立。

2）质量管理体系应及时、全面得以贯彻执行。

3）质量管理体系正确的、先进的内容须长期坚持执行。

4）质量管理体系不足之处应持续改进。

5）在必要的范围和程度上，质量管理体系应保持和保留形成文件的信息。

（2）组织在确定和应用 QMS 相关过程时，应做以下工作：

1）确定这些过程所需的输入和期望的输出；

2）确定这些过程的顺序和相互作用；

3）确定和应用所需的准则和方法（包括监视、测量和相关绩效指标），以确保这些过程的有效运行和控制；

4）确定这些过程所需的资源并确保其可获得；

5）分配这些过程的职责和权限；

6）按照 6.1 的要求应对风险和机遇；

7）评价这些过程，实施所需的变更，以确保实现这些过程的预期结果；

8）改进过程和质量管理体系。

质量管理学需要对过程进行分类和定义，以便对过程管理的共性问题展开研究。质量管理学上对过程有不同的分类和定义方法，例如：IATF 国际汽车工作组建议将过程分为"顾客导向过程"（COP）"支持过程"（SP）和"管理过程"（MP）；而根据波特的价值链理论，则可以将过程划分为"价值创造过程"和"支持过程"。但在实际应用时，过程的分类和定义并不重要，首先确定哪些是组织为实现预期结果所必须的"核心过程"，哪些是支持"核心过程"运行的过程，哪些是必需的管理过程，最重要的是确定不同过程的顺序、接口关系和相互的影响。

（3）过程是质量管理研究的基本对象。组织应确定所需的准则及方法，确保过程有效运行和控制。组织在建立或修改质量管理体系时，开展系统的过程分析。对单一过程而言，"乌龟图"是最常用的过程分析图。图 3-2 是乌龟图的编制说明。

（4）在必要的范围和程度上，组织建立的质量管理体系应保持或保留适当的形成文

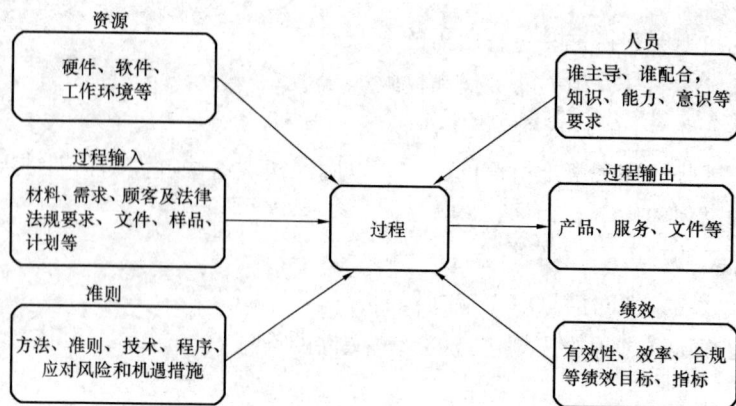

图 3-2 "乌龟图"的编制说明

件的信息。2015 版标准不再硬性规定质量管理体系成文信息的形式和数量。

五、领导作用和承诺

1. 标准原文

5　领导作用

5.1　领导作用和承诺

5.1.1　总则

最高管理者应通过以下方面，证实其对质量管理体系的领导作用和承诺：

a）对质量管理体系的有效性负责；

b）确保制定质量管理体系的质量方针和质量目标，并与组织环境相适应，与战略方向相一致；

c）确保质量管理体系要求融入组织的业务过程；

d）促进使用过程方法和基于风险的思维；

e）确保质量管理体系所需的资源是可获得的；

f）沟通有效的质量管理和符合质量管理体系要求的重要性；

g）确保质量管理体系实现其预期结果；

h）促使人员积极参与，指导和支持他们为质量管理体系的有效性作出贡献；

i）推动改进；

j）支持其他相关管理者在其职责范围内发挥领导作用。

注：本标准使用的"业务"一词可广义地理解为涉及组织存在目的的核心活动，无论是公有、私有、营利或非营利组织。

2. 理解要点

（1）最高管理者是指在最高层指挥和控制组织的一个人或一组人。由此可见，最高管理者可能是组织最高权限的一位领导，也可能是组织最高管理层的若干领导。

52

（2）最高管理者可通过以下 10 方面工作，证实其对质量管理体系的领导作用和承诺：

1）明确方向：在建立、更新质量方针和目标时，确保其与组织环境、内外部事宜、战略方向保持一致，并支持总体经营过程。

2）树立意识：确保部门之间建设性的合作，体现过程方法，以实现过程间有效的接口和将输入转化为输出时的有效性为目的，协同进行风险评估和风险处置。

3）提供资源：监视当前及预期的工作量、进度，确保在必要时获得充足的质量管理体系资源（如人员、环境及设备、软件等）。

4）支持努力：最高领导者应激励、促进、指导和支持员工努力提高质量管理体系的有效性，并通过各种手段向全体员工及时传达质量管理体系要求，并得到员工的充分理解。同时，最高管理者应以身作则，有效践行质量管理承诺，提高全员的质量意识。

5）授权管理：支持其他管理者在职责范围内（例如质检、设计、试验、售后服务等）发挥作用，在理解和处理合法合规要求和顾客反馈方面提供支持和指导。

6）关注接口：确保质量管理体系过程和其他职能过程接口（例如财务、设计、测试、顾客支持等）在组织中无缝对接。

7）促进沟通：通过内部信息、邮件、个人讨论、组织会议等形式，就质量管理体系的问题、经验和效益进行沟通。

8）承担责任：通过持续的绩效监视测量及定期管理评审来确保质量管理体系的适宜性及有效性。

9）聚焦结果：监视质量管理体系的输出，当期望结果未能实现时，确保纠正措施相关责任落实到个人或团队。

10）推动改进：确保内部审核、第二方和第三方审核、管理评审等提出的关于改进的信息和建议在组织内进行有效沟通和落实。

六、以顾客为关注焦点

1．标准原文

5.1.2　以顾客为关注焦点

最高管理者应证实其以顾客为关注焦点的领导作用和承诺，通过：

a）确定、理解并持续满足顾客要求以及适用的法律法规要求；

b）确定和应对能够影响产品、服务符合性以及增强顾客满意能力的风险和机遇；

c）始终致力于增强顾客满意。

2．理解要点

（1）组织的生存和发展依存于顾客，因此，组织的最高管理者必须将实现顾客满意作为根本追求。

（2）最高管理者必须关注顾客当前和未来的要求和潜在的需求和期望，包括与产品质量有关的责任、义务和法律法规要求，以便采取对策确保这些要求得到确定并予以满足，顾客以及产品有关的责任、义务和法律法规要求是发展、变化的，产品更新换代非常快，顾客会不断地扩充新的需求和期望，法律法规要求不断地增加新内容，组织只有时刻关注，才能及时采取措施满足要求。

（3）组织内部所有的作业/工作环节都必须树立为顾客服务、增强顾客满意度的目标。现代工业生产的特点是环环相扣，前道工序/作业的质量直接影响后道工序/作业的质量，一道工序/作业出了质量问题，会影响整个过程以至最终产品的质量，会影响组织持续地制造出满足顾客和有关法律法规要求的产品。

（4）最高管理者应确定和应对影响质量管理体系预期结果（实现产品和服务符合性、增强顾客满意）的风险和机遇，策划并实施确定的风险控制措施，以实现预期的结果。

七、方针

1. 标准原文

5.2 方针
5.2.1 制定质量方针
　　最高管理者应制定、实施和保持质量方针，质量方针应：
　　a）适应组织的宗旨和环境并支持其战略方向；
　　b）为建立质量目标提供框架；
　　c）包括满足适用要求的承诺；
　　d）包括持续改进质量管理体系的承诺。
5.2.2 沟通质量方针
　　质量方针应：
　　a）可获取并保持成文信息；
　　b）在组织内得到沟通、理解和应用；
　　c）适宜时，可为有关相关方所获取。

2. 理解要点
（1）质量方针是由组织的最高管理者正式发布的关于质量有关的总的宗旨和方向，是评价质量管理体系有效性的基础，是实施和改进组织质量管理体系的推动力。
（2）最高管理者应以书面的方式明确质量方针。质量方针主要内容应包括：
1）与组织的宗旨相适应。不同的组织由于其类型和目的不同，经营宗旨各不相同，质量方针也有所不同。
2）对满足要求的承诺。要求可以来自于顾客或法律法规要求，也可来自组织对顾客的承诺。
3）对持续改进的承诺。

4）质量方针能为组织建立质量目标的框架和基础，方针是方向，而质量目标是对这一方向的落实展开。

以下给出几个组织质量方针的案例：① 某房地产中介机构案例一：依托我们细致、贴心的服务，实现顾客准确、快速的对接。② 某制造业组织案例二：品质卓越，顾客满意，是公司全体员工永恒的追求。③ 某建筑施工单位案例三：循规蹈矩，交优质工程；信守合约，让业主满意；持续改进，创行业标杆。

（3）最高管理者必须在组织适当层次上加以传达，沟通并使理解和执行。沟通方式可以多渠道，如召开会议、口头宣讲等。

（4）组织应对质量方针进行定期评审和修订，以反映不断变化的内外部条件和信息。

八、组织的岗位、职责和权限

1. 标准原文

5.3 组织的岗位、职责和权限

最高管理者应确保整个组织内相关岗位的职责、权限得到规定与沟通。

最高管理者应规定职责和权限，以：

a）确保质量管理体系符合本标准的要求；

b）确保各过程获得其预期输出；

c）将质量管理体系的绩效及其改进机会（见 10.1）报告给最高管理者；

d）确保在整个组织推动以顾客为关注焦点；

e）确保在策划和实施质量管理体系更改时保持其完整性。

2. 理解要点

（1）岗位、职责和权限。最高管理者为使质量管理体系持续有效运行，确保实现质量方针和质量目标，就必须确定合理的组织结构，设置必要的职能，授予足够的职责、权限，明确相互关系和接口要求。

组织通常绘制组织结构图和职能分配表，明确各部门、各岗位的主要职能及相互关系。通过文件规定详细描述部门、岗位和职权。

（2）报告质量管理体系绩效及改进机会的职权通常由"类似管理者代表"的岗位承担，这一岗位称谓无关紧要，但应能充分接近最高管理层，以确保质量管理体系的有效运行，便于最高管理层及时做出正确的决策。

（3）组织应创立有效的沟通方式，就所规定的质量职责和权限在内部进行充分沟通和交流，以确保全体员工不但熟知自己的职责，也相互了解，理解彼此的职责范围和接口，避免职权交叉、缺失和矛盾。

九、应对风险和机遇的措施

1. 标准原文

6 策划

6.1 应对风险和机遇的措施

6.1.1 在策划质量管理体系时，组织应考虑到 4.1 所提及的因素和 4.2 所提及的要求，并确定需要应对的风险和机遇，以：

a) 确保质量管理体系能够实现其预期结果；

b) 增强有利影响；

c) 预防或减少不利影响；

d) 实现改进。

6.1.2 组织应策划：

a) 应对这些风险和机遇的措施；

b) 如何：

1) 在质量管理体系过程中整合并实施这些措施（见 4.4）；

2) 评价这些措施的有效性。

应对措施应与风险和机遇对产品和服务符合性的潜在影响相适应。

注 1：应对风险可选择规避风险，为寻求机遇承担风险，消除风险源，改变风险的可能性或后果，分担风险，或通过信息充分的决策而保留风险。

注 2：机遇可能导致采用新实践，推出新产品，开辟新市场，赢得新顾客，建立合作伙伴关系，利用新技术和其他可行之处，以应对组织或其他顾客的要求。

2. 理解要点

（1）本条款是质量管理原则"基于风险的思维"的重要体现。组织在策划质量管理体系（QMS）过程中，需了解可能影响目标和期望结果的因素，包括对相关风险和机遇的识别，并应考虑外部、内部环境，以及相关方的要求。在识别相关方的要求时，可以评估和确定质量管理体系的风险与机遇。在识别风险和机遇时，组织可关注提升正面效果。创造新机会并预防或降低不良效应（即预防措施的应用）。

（2）条款 6.1 没有强制要求组织应用正式的风险管理框架来识别风险和机遇。组织可灵活选择适宜方式来识别风险和机遇。常见的方式有：如应用在战略层面的 SWOT 分析（强项、弱项、机遇及威胁）、环境分析（PESTLE）（政治、经济、社会、技术、法律）以及波特五力（供方议价能力、买方议价能力、潜在进入者的威胁、替代品的威胁、来自同一行业的公司间的竞争）行业分析，又如简单的方法可以包括询问"what if"，即"如果，什么"问答。

另外在特定领域有一些常用方法，例如汽车行业的失效模式和影响分析（FMEA）、医疗器材行业的故障模式影响与危害度分析（FMECA）、食品行业的危害分析临界控制点（HACCP）。使用何种方式和工具来识别质量管理体系的风险和机遇由组织来决定。

（3）在识别了风险和机遇后，组织应开始策划控制风险及利用机遇的措施。措施应被纳入质量管理体系过程和组织业务过程，并评价取得的效果。

控制风险的典型措施有开发各种控制活动，包括：过程、产品及服务的检查、监视和测量；校准；产品及过程设计；纠正措施；规定、方法和作业指导书；培训及使用有能力人员等方面。

针对机遇的应对措施主要有：提供新产品和服务，或使用新技术来建立诸如顾客或供应链在线服务的更好系统。

（4）风险管理过程可参与 ISO 31000《风险管理 原则和指南》。风险管理过程见图3-3。

风险管理包括风险评估（含风险识别、风险分析和风险评价）、风险处理和监测评审三大环节。

1）风险识别。组织应识别风险源、影响区域、事件（包括环境变化）以及致因和潜在后果。组织应使用适合其目标、能力及所面临风险的风险识别工具和技术。具有适当知识的人员应参与到识别风险中。

2）风险分析。风险分析为风险评价和确定风险是否需要处理以及最适合的风险处理策略和方法，提供了输入。

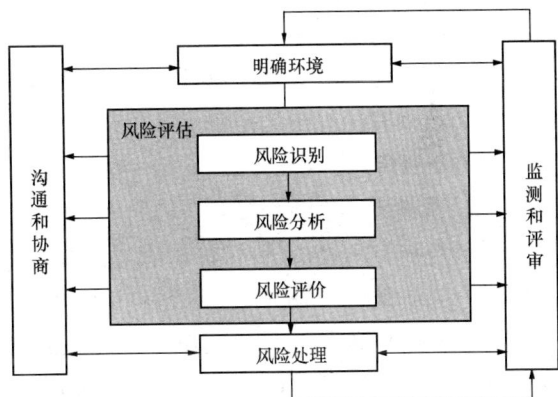

图 3-3　风险管理过程

风险分析包括考虑风险的致因和来源、所带来的正面和负面的后果，以及这些后果发生的可能性。影响后果的因素和可能性应被识别。可以通过确定后果和其可能性以及其他风险特性，来进行风险分析。一个事件可以有多种结果并可以影响多重目标。现存的控制措施及其效果和效率也应被考虑在内。

后果和可能性的表述方式，以及它们的组合是确定风险程度的方式。风险分析可以是定性的、半定量的或定量的，也可以是组合的方式。组织可以借助风险矩阵，将危害绘制在图表上进行量化，从而计算风险。

3）风险评价。风险评价的目的是帮助做出有关风险需要处理和处理实施优先考虑的决策。风险评价是将风险分析的结果与组织已制定的风险评价准则进行比较，确定组织现存风险严重程度和等级的过程（或不可接受风险）。

4）风险处理。风险处理包括选择和实施一种或几种修正风险的方案，实施方案后，实现风险控制。风险处理包括一个循环过程：评价风险处理；确定残留风险程度是否可容许；如果不可容许，产生新的风险处理；评价该处理的有效性。风险处理方案可选择规避风险、为寻求机会而承担或增加风险、消除风险源、改变风险的可能性和后果、分担风险、保留风险（通过信息充分的明智决策后决定）。

5）风险的监测评审。组织应对风险控制措施的实施情况进行定期检查或不定期检查，以确保风险控制的有效性。

十、质量目标及其实现的策划

1. 标准原文

6.2 质量目标及其实现的策划

6.2.1 组织应针对相关职能、层次和质量管理体系所需的过程建立质量目标。

质量目标应：

a）与质量方针保持一致；

b）可测量；

c）考虑适用的要求；

d）与产品和服务合格以及增强顾客满意相关；

e）予以监视；

f）予以沟通；

g）适时更新。

组织应保持有关质量目标的成文信息。

6.2.2 策划如何实现质量目标时，组织应确定：

a）要做什么；

b）需要什么资源；

c）由谁负责；

d）何时完成；

e）如何评价结果。

2. 理解要点

（1）质量目标的策划。组织应在相关职能、层次、过程上建立质量目标。横向质量目标应在同一部门不同岗位上确定与其职责相应的目标；纵向质量目标应在组织最高管理层、中层职能机构、中层机构的下设部门（科、室、车间/工段/班组等）、具体职能岗位等管理权限由高到低的不同层次上建立。

为建立好目标，应考虑：

1）质量目标和质量方针保持一致。即质量方针可被用于作为设定目标的标杆。例如成为"行业标杆"，则组织需决定对其而言怎么样才是"行业标杆"的表现。

2）质量目标应可测量。可以是定性的，也可以是定量的。

3）质量目标应考虑适用的要求，并与产品/服务符合性及提升顾客满意度相关。例如规定产品的功能或性能需求；按时按量交付；产品规范或服务水平协议。

4）对质量目标的完成情况进行监测评审。质量目标管理部门应监视、汇总、沟通和考核目标完成情况。若目标不能有效实现，应进行原因分析，明确进一步的措施。在管理评审时，对质量目标的适应性和有效性进行评审，必要时可调整。

5）质量目标应得到必要的沟通。质量目标形成文件以后，应在组织内部、不同层次上采取适宜的方式进行沟通，统一全体人员的目标和行动，共同努力实现质量目标。

6）适当时，质量目标应进行修订。目标不是一成不变的，对不合理的目标需适时修订更新。

7）组织应保持与质量目标相关的形成文件的信息。

某组织的质量目标及其分解情况举例见表3-2。

表 3-2　　　　　　　　　　　　　　质量目标分解示例

一级目标	二级目标	责任部门
合同及时履约率98%	插单比例小于1%	业务部
	生产通知单按期完成率99%	车间
	零部件采购及时率100%	设备科
	供方原材料按期到货率100%	生技科
	正常生产时设备抢修时间累计不超过12h	车间（机修组）
	工艺图稿交付及时率100%	生技科
	委外加工交付及时率99%	生技科
已交付产品合格率99.5%	成品交验合格率99%	车间、生技科
	成品不合格漏验率<1%	质检科
	检测装置完好率100%	设备科
	业务部下单正确率99.5%	销售副总
	开单正确率100%	生技科
	工艺图稿正确率100%	生技科

（2）质量目标实现的策划。

为实现质量目标，组织应做好以下工作的策划：

1）What——要执行什么样的措施；

2）What——要配备什么样的资源；

3）Who——何部门、何岗位在执行措施、配备资源过程中的职权是什么；

4）When——何时完成；

5）How——怎么样评价结果。

十一、变更的策划

1. 标准原文

6.3　变更的策划

当组织确定需要对质量管理体系进行更改时，此种更改应经策划并系统地实施（见4.4）。

a）更改目的及其潜在后果；

b）质量管理体系的完整性；

c）资源的可获得性；

d）责任和权限的分配或再分配。

2. 理解要点

（1）质量管理体系变更策划的时机：

1）组织的内外部环境发生重大变化时；

2）产品或生产工艺发生重大变化；

3）组织机构、经营方式发生重大变化；

4）顾客、相关方的需求和期望发生重大变化；

5）依据的质量管理体系要求发生变化；

6）质量管理体系运行的初始阶段。

（2）变更的目的及其潜在的后果。变更有可能带来好的结果，也可能带来风险和挑战。例如某公司在转型升级过程中导入机器人，有可能由于工艺不成熟、可靠性低而导致产品、产量和质量不尽如人意，因此在进行变更的策划时，应导入基于风险的思维，考虑充分，未雨绸缪。

（3）保持管理体系的完整性。组织在对质量管理体系的变更进行策划和实施时，应保持质量管理体系的完整性。例如在生产设备发生变更后，作业文件要发生变更，对工人也需要进行培训，这些都要系统考虑，以保持体系的完整。

（4）变更策划应确保资源的可获取性。体系变更后，关键是资源能否动态满足要求，如有的组织的产品发生变化，资源能否动态满足，这都是策划面临的重要问题。

（5）变更策划考虑责任和权限的分配或再分配。组织职能和权限进行重大调整时，应确保相应文件的变更，同时确保员工能够对形成文件的信息进行沟通和学习，以确保新的责任和权限得以贯彻执行。

十二、资源

1. 标准原文

7 支持

7.1 资源

7.1.1 总则

组织应确定并提供为建立、实施、保持和持续改进质量管理体系所需的资源。

组织应考虑：

a）现有内部资源的能力和局限；

b）需要从外部供方获得的资源。

2. 理解要点

（1）资源保障是领导作用的一个具体体现。资源是组织拥有的或可直接控制和运用的各种要素，是组织运行和发展所必需的。

（2）在建立、实施、保持和改进质量管理体系时，需要配备恰当的资源，如配备适当的人员、基础设施、过程运行环境、监视和测量资源、知识资源等。

（3）资源包括内部资源和外部资源。组织实际控制的内部资源是十分有限的，组织应根据内部资源的特点，发现、选择、利用外部资源，例如聘请专家、租用设备设施等。

十三、人员

1. 标准原文

7.1.2　人员

组织应确定并提供所需要的人员，以有效实施质量管理体系并运行和控制其过程。

2. 理解要点

（1）人力资源是组织其他各项资源的主导，尤其是知识密集型、技术密集型和资本密集型组织。劳动密集型的组织，劳动力的素质对产品和服务质量也有很大的影响。人力资源是组织资源增值的决定性因素。组织应关注选人、用人方面的要求，包括用人需求的提出和招聘等人力资源管理要求，必要时组织需要编制与业务规划相匹配的人力资源规划，确保所有直接或间接影响质量绩效的人员必须与岗位适任要求相匹配。

（2）人的效率对组织持续成功发挥重要作用，因此人的"选、用、育、留"对提升组织的核心竞争力至关重要。执行力问题，很多都是由于选人、用人不合理导致的，即没有在合适的时间将合适的人员放在合适的岗位上。组织应选对人、用对人，还要善于培养人的能力和激励人的工作潜能。

（3）工作任务外包给第三方服务供方时，组织需要考虑服务外包过程中的风险控制，尤其是对涉密、技术敏感等岗位人员的配置需要加强风险管控，包括签署服务水平协议，明确特定的聘用标准、界定哪些岗位的人员配置不能使用外包劳动力和受限制的聘用人员。

（4）某些特殊行业的人员数量、资质等法律法规方面的要求，顾客对人员的一定要求，组织都应当予以满足。

十四、基础设施

1. 标准原文

7.1.3　基础设施

组织应确定、提供和维护为获得产品和服务合格而运行过程所需的基础设施。

注：基础设施可包括：

a) 建筑物和相关设施；

b) 设备，包括硬件和软件；

c) 运输资源；

d) 信息和通信技术。

2. 理解要点

(1) 基础设施可以包括以下方面：

1) 建筑物。

2) 工作场所。

3) 相关设施（如供应水、电气的设施）。

4) 过程设备（包括硬件、软件）。

5) 支持性服务（如交付后的维护点、配套用的运输、通信服务或信息系统）。

(2) 基础设施的确定、提供和维护的一般程序：

各部门提出基础设施的需求申请→归口管理部门识别和提出满足需求的措施→相关的高层领导批准所提措施→归口管理部门实施经批准的措施并验证评价其有效性→办理移交使用手续（包括移交图纸、说明书/资料、附件、易损备件、专用工具等）→相关部门使用和进行维护→归口管理部门收集，保持基础设施的资料（含安装、图纸、说明书、检修、保养记录等）。

(3) 组织应重视基础设施而引起的环境保护和环境污染、人身健康、安全和自然资源损害的问题。采取有效措施予以防护或进行再循环处理，把损害减到最小。重点对过程设备运行或作业产生的有害气体、液体、辐射、粉尘和随时有危及人身生命安全的高温、高压、爆炸、碰撞、跌落作业的防护。

采取预防措施，降低不可抗拒的自然灾害对建筑物和暴露在室外的设施和设备的破坏。

十五、过程运行环境

1. 标准原文

7.1.4 过程运行环境

组织应确定、提供和维护为确保产品和服务合格而运行过程所需的环境。

注：适当的过程运行环境可能是人文因素与物理因素的结合，例如：

a) 社会因素（比如无歧视、无对抗、和谐稳定）；

b) 心理因素（比如舒缓心理压力、预防过度疲劳、保护个人情感）；

c) 物理因素（比如温度、热量、湿度、光照、空气流通、卫生、噪声等）。

所提供的产品和服务不同，对这些因素的要求可能存在显著差异。

2. 理解要点

（1）适宜的工作环境是一个组织为达到产品/服务符合要求的支持条件。工作环境除直接影响产品质量外，还会影响人的工作/作业能动性、满意程度和业绩。

工作环境是指：心理的，如参与的积极性；社会的，如与社会相互影响；物理的，如光线、卫生情况、温度、温度、噪声、振动、粉尘污；物质的，如防护设备的使用。

（2）组织根据实现产品符合要求的各个过程的影响因素，确定所需的工作环境。对各种工作环境因素的控制办法，明确管理职责、有效维护和日常保养的方法和频次对相应的工作环境实施管理。

十六、监视和测量资源

1. 标准原文

7.1.5 监视和测量资源

7.1.5.1 总则

当利用监视或测量活动来验证产品和服务符合要求时，组织应确定并提供确保结果有效和可靠所需的资源。

组织应确保所提供的资源：

a）适合特定类型的监视和测量活动；

b）得到适当的维护，以确保持续适合其用途。

组织应保留作为监视和测量资源适合其用途的证据的形成文件的信息。

7.1.5.2 测量溯源

当要求测量溯源时，或组织认为测量溯源是信任测量结果有效重要要素，则测量设备应：

a）对照能溯源到国际或国家标准的测量标准，按照规定的时间间隔或在使用前进行校准和（或）检定（验证），当不存在上述标准时，应保留作为校准或检定（验证）依据的形成文件的信息；

b）具有标识，以确定期校准状态；

c）予以保护，防止可能使校准状态和随后的测量结果失效的调整、损坏或退化。

当发现测量设备不符合预期用途时，组织应确定以往测量结果的有效性是否受到不利影响，并采取适当的必要措施。

2. 理解要点

（1）"监视"是指通过检查、监督或密切观察，以确定体系、过程、产品、服务或活动的状态。它可以是简单的检查，以确保数量准确。如以量规检查某工件正确与否，或服务提供过程中询问顾客还有什么需要。"测量"是指确定数值的过程。测量是通过使用适当的测量资源确定数量、大小或尺寸、性能、可靠性等质量特性，如产品检验、原材料的化验分析等。

（2）监视和测量资源管理是针对用于测量过程、产品质量特性或监视过程参数、过程产品特性的各类监测设备。组织必须对监视和测量资源进行控制，确保监视、测量活动顺利开展，并与监视和测量要求相一致。因此组织首先应确定监测要求，监测要求包括监测参数类别、监测范围、监测精度等。根据确定的监测要求，组织要明确对各监测过程所需配置的监视和测量资源的监测能力，要做到测量能力和测量要求相一致。监测和测量资源的配置，通常是按下述原则要求的：测量能力中的测量参数类别应多于或等于测量要求，测量参数范围应大于或等于测量要求，测量能力中的测量精度应高于或等于测量要求。

（3）为确保测量结果有效，必要时，组织应对测量设备采取以下措施：

1）测量设备对照能溯源到国际或国家标准的测量标准，按照规定的时间间隔或在使用前进行校准或验证。根据国家计算机法的规定，在国内许多地方都设有能溯源到国际或国家标准的计量设备可按规定进行校准或验证，对于某些类别监视和测量装置较多的组织，组织可建立某些类别的最高计量标准器具。组织的其他测量设备可由经计算机检定合格的组织的最高计量标准器具进行校准和调整。为此，组织应编制《校准规程》，规定校准和调整的要求和方法，配备有资源的校准人员，并予以实施。

校准记录应表明标准计量器具的特征和状态、校准的环境条件、校准的原始记录数据，必要时还应按规定公式计算。记录应表明测量能力达到的水平，并对测量是否符合应符合的规定要求做出结论。校准应由有资格的单位出具检定证书。校准/检定单位出具的校准/检定证书的校准/检定结果，一般有如下几种：合格、准用、限用、不合格。结论为"合格"的可以继续使用；结果为"不合格"的不能继续使用；"准用"是指没有检定规程，而按校准规范合格的测量设备；"限用"是指对某些特定的参数、或在某些特定测量范围内是合格的，可以使用。在这些特定的情况外，不能使用。

当不存在国际或国家标准时，应记录校准依据。采用比较设备进行校准时，应制定比较校准规范。

2）必要时进行调整或再调整。在校准或检定过程中，如发现测量设备已超出应允许的误差范围，就应对其可调装置进行调整，以使测量设备恢复原有的精度。必要时，应进行再调整。

3）对测量设备应进行相应的校准标识。根据我国计量管理实践，测量设备的校准状态标识的种类和形式工，一般有：

合格：按规定规程检定合格的测量设备，标色为"绿色"；

准用：按校准规范校准合格的测量设备，标色为"绿色"；

限用：某些功能和/或量限经校准或检定合格的测量设备，并在标识上注明限用的功能和/或量限，标色为"黄色"；

禁用：不合格的测量设备，禁止使用，标色为"红色"；

标准测量设备：校准或检定测量设备的测量标准，为了防止与同类型的测量设备混用，标色用"蓝色"；

封存：暂时不用的测量设备，标色为"白色"。

4）防止可能使测量结果失效的调整。

5）在搬运、维护和贮存期间防止损坏和失效。在搬运、维护和贮存期间采取有效的防护措施，如适宜的包装和搬运工具，提供符合要求的贮存环境，由有资格的操作人员按规定进行维护，防止损坏的失效，维护时间如可能导致测量设备失效的，维护后应重新校准。

当发现测量设备不符合要求时，应立即停止继续使用该测量设备，并对其以往测量结果的有效性进行评价和记录，如评价认为以往的测量结果是无效的，则必须追回以往测量的产品，重新检测和评价。对已交付至顾客的产品，应发出通知，等候处理。对该测量设备进行校准、检定、调整或进行必要的维修，以恢复其有效状态，否则应降级（也需校准）或予以报废。

当计算机软件用于规定要求的监视和测量时，应确认其满足预期用途的能力。确认应在初次使用前进行，应做好确认记录。

十七、组织的知识

1. 标准原文

7.1.6　组织的知识

组织应确定获得合格产品和服务而运行过程所需的知识。

组织应保持这些知识，并在需要范围予以提供。

为应对不断变化的需求和发展趋势，组织应考量现有的知识，确定如何获取更多必要的知识并进行必要的知识更新。

注1：组织的知识是指组织从其经验中获得的特定知识，是实现组织目标所使用的共享信息。

注2：组织的知识可以基于：

a) 内部来源（例如知识产权；从经历获得的知识；从失败和成功项目得到的经验教训；得到和分享未形成文件的知识和经验，过程、产品和服务的改进结果）；

b) 外部来源（例如标准；学术交流；专业会议，从顾客或外部供方收集的知识）。

2. 理解要点

（1）组织应根据组织产品和服务及运行过程，分析、确定知识需求，明确已有的知识和尚缺乏的知识。组织所需要的知识可能包括产品和服务知识、生产技术、检验、设备维护等诸多方面。组织应根据自己的产品和服务特点、运作方式以及需求，确定所需的知识。

（2）组织应采用多种方式获取和创建内外部知识，针对外部知识可采用邮件采集、标准、专业期刊、学术交流、购买科技成果、专家咨询、标杆对比等，针对内部知识可采用知识产权、员工经验分享、失败的教训、数据统计分析等。

（3）组织应开展知识库管理工作，应把知识库管理工作放在组织战略的高度进行考虑，建立专门知识管理人员和机构对其负责，从而实现其知识积累、完善和改善，将知识库真正固化为打造组织核心竞争力的工具。

（4）组织应关注知识的应用。应用已有的知识可促进在工作中形成新的知识，促进组织成员和团队知识储备的拓展。组织应能实现知识共享，知识的共享范围越广，其利用、增值的效果越好。

十八、能力

1.标准原文

7.2 能力

组织应：

a）确定在其控制下工作的人员所需具备的能力，这些人员从事的工作影响质量管理体系绩效和有效性；

b）基于适当的教育、培训或经验，确保这些人员是胜任的；

c）适用时，采取措施以获得所需的能力，并评价措施的有效性；

d）保留适当的成文信息，作为人员能力的证据。

注：适用措施可包括对在职人员进行培训、辅导或重新分配工作，或者聘用、外包胜任的人员。

2.理解要点

（1）凡从事影响产品和服务质量的工作人员都应有相应的能力，能力准则的制定从教育、培训、技能和经验四方面考虑。

（2）培训操作由识别培训需要、提供培训和评价培训有效性三个过程组成。

培训要求由各职能部门提出，他们在对现职人员的基础知识、技能和经验进行摸底评价的基础上，确定并提出现行岗位人员适应组织发展目标的培训需求。人力资源的主管职能部门依据需求制订详细的培训或采取其他措施的计划，予以确定。

根据计划的安排，人力资源主管部门组织相关人员参加培训，培训方式可以是内部培训或外送培训。通过培训，员工会增加知识和增强意识（让每一名员工都能意识到自己所从事的活动、工作和重要性其他活动间的关联性，以及如何为实现组织的质量目标做贡献），知识与原有的技能和经验相结合使员工具备相应的能力。

对所有培训提出了要评价培训的有效性，通过面试、笔试、岗位操作实践等方式检查培训和效果是否达到了培训计划所制订的预期目标。

应保留员工的教育、经历、培训及岗位资格方面的形成文件的信息。

十九、意识

1.标准原文

7.3 意识

组织应确保其控制范围内的相关工作人员通晓：

a) 质量方针；

b) 相关质量目标；

c) 他们对质量管理体系有效性的贡献，包括改进质量绩效的益处；

d) 偏离质量管理体系要求的后果。

2. 理解要点

（1）意识决定行为，组织应确保其控制范围内的相关工作人员具备应有的质量意识。在组织控制范围内工作的人员包括现有的员工、临时工、外部供方人员（如承包商和外包服务商的现场人员）。

（2）质量意识建设是组织企业文化建设的一部分，组织需建设、推广自身的质量文化，提升高层、中层和基层管理人员及其他各类员工的质量意识，进而提升公司的产品和服务质量。

（3）质量意识建设可通过加强质量意识培训和教育、完善质量责任制、开展群众性质量管理活动、传播质量文化观等方式实施。标准提出通过以下方式来开展质量意识建设：

1）让有关的人员明白质量方针的内涵及其所代表的组织追求，其目的是统一质量价值观。

2）让有关人员了解相关的质量目标及其与组织整体目标之间的关系，明确自己的工作要求和目标，确定自己努力的方向。

3）让有关人员能够理解自身的作用，包括其可能对组织乃至对其个体所带来的收益，激发其主人翁意识，从而提高工作绩效。

4）让有关人员了解到如果不符合要求（包括行为、结果等）可能带来的后果（包括对组织或/和对其个体可能会带来的影响），使其认知到有关问题的严重性，从而养成良好的工作方法、习惯，以实现防错。

二十、沟通

1. 标准原文

7.4 沟通

组织应确定与质量管理体系相关的内部和外部沟通，包括：

a) 将进行何种信息交流；（沟通的内容）

b) 何时进行信息交流；（沟通的时机）

c) 与何人进行信息交流；（沟通的对象）

d) 如何进行信息交流；（沟通的方式）

e) 何人负责信息交流。（负责沟通的人员）

2. 理解要点

（1）组织应识别与其紧密相关的利益相关方的期望，建立内、外部沟通渠道，明确内、外部沟通的安排、时机和内容，以确保质量管理体系的效率和绩效。

（2）沟通的对象主要有：

1）外部相关方，如顾客、供方、上级单位；

2）不同的职能部门；

3）不同层次岗位；

4）领导与不同层次的员工之间。

（3）沟通的主要方式和工具主要有：

1）各种会议；

2）网络信息平台；

3）培训；

4）通知、告示；

5）文件传阅；

6）书面汇报；

7）内部刊物。

（4）组织沟通的主要内容有：

1）法律法规要求；

2）职责和权限；

3）上级或行业要求；

4）相关方的要求和期望（包括顾客要求）；

5）市场发展趋势；

6）对相关方施加影响；

7）策划的结果；

8）过程控制和改进的要求；

9）资源需求、提供和配置信息；

10）产品检验试验结果；

11）管理绩效考核和完成情况；

12）体系实施和变更的有关信息；

13）审核和评审结论；

14）数据统计和分析的信息；

15）决议和决定。

（5）组织应围绕质量管理体系前期策划所识别的各利益相关方的期望，策划和确定不同的沟通时机和责任，尤其对直接影响到质量绩效的相关方，更应该加强沟通管理和及时反馈。

二十一、形成文件的信息

1. 标准原文

7.5 形成文件的信息

7.5.1 总则

组织的质量管理体系应包括：

a）本标准所要求的形成文件的信息；

b）组织确定的为确保质量管理体系有效性所需的形成文件的信息。

注：不同组织的质量管理体系形成文件的信息的多少与详略程度可以不同，取决于：

——组织的规模，以及活动、过程、产品和服务的类型；

——过程及其相互作用的复杂程度；

——人员的能力。

7.5.2 创建和更新

在编制和更新形成文件的信息时，组织应确保下列内容得到适当安排：

a）标识和说明（例如：标题、日期、作者、索引编号等）；

b）格式（例如：语言、软件版本、图示）和媒介（例如：纸质、电子格式）；

c）评审和批准以确保适宜性和充分性。

7.5.3 形成文件的信息的控制

7.5.3.1 应控制质量管理体系和本标准所要求的形成文件的信息，以确保：

a）无论何时何处需要这些信息，均可获得并适用；

b）予以妥善保护（例如：防止失密，不当使用或缺失）。

7.5.3.2 为控制形成文件的信息，组织应关注下列活动（适用时）：

a）分发、访问、检索和使用；

b）存储和防护，包括保持可读性；

c）更改控制（比如版本控制）；

d）保留和处置。

应对组织所确定的策划和运行质量管理体系所需的来自外部的形成文件的信息进行适当标识和管理。

应对所保存的作为合格证据的形成文件的信息予以保护，防止意外更改。

注：形成文件的信息的访问可能意味着仅允许查阅，或者意味着允许查阅并授权修改。

2. 理解要点

（1）"形成文件的信息"是指组织需要控制和保持的信息及其载体。形成文件的信息分两类：一类是质量管理体系运行的依据，可以起到沟通意图、统一行动的作用，即文件，在 ISO 9001 标准中一般表述为"保持形成文件的信息"。另一类是为体系运行及其结果提供证据，并为管理决策提供必要的输入，即记录，在 ISO 9001 标准中一般表述为"保留形成文件的信息"。

ISO 9001 标准中明确提到需要保持和保留"形成文件的信息"之处见表 3-3。

表 3-3　　　　　ISO 9001：2015 标准中保持或保留形成文件的信息的要求

条款	保持"形成文件的信息"	条款	保留"形成文件的信息"
4.3	确定质量管理体系范围	4.4.2b	确认过程按策划进行的形成文件的信息
4.4.2.a	支持过程运行的形成文件的信息		
5.2.2.a	质量方针	5	—
6	—	6.2.1	质量目标
7	—	7.1.5.1	监视测量资源适合其用途的证据
		7.1.5.2	作为测量设备校准或验证依据（当没有国际或国家标准的测量标准时）
		7.2.d	在组织控制下工作并可影响质量管理体系绩效和有效性人员能力的证据
8.1e	在需要的范围和程度上，确定并保持、保留形成文件的信息	8.1.e	策划运行过程所需的记录，以证实产品和服务符合要求
		8.2.3.2	产品和服务要求的评审结果及要求
		8.3.2	证实已经满足设计和开发要求
		8.3.3	设计和开发输入
		8.3.4.f	设计和开发控制
8.5.1	生产和服务提供的控制所需形成文件的信息	8.3.5	设计和开发输出
		8.3.6	设计和开发更改、评审、更改授权和采取措施
		8.4.1	外部供方的评价、选择、绩效监视以及再评价，以及对这些活动和评价引发的任何必要措施
		8.5.2	当有可追溯要求时，组织控制输出的唯一性标识证据
		8.5.3	顾客或外部供方的财产发生丢失、损坏或发现不适用情况，向顾客或外部供方报告等
		8.5.6	生产和服务提供更改评审、授权更改的人员、采取必要措施
		8.6	产品和服务的放行符合接收准则的证据、可追溯到授权放行人员的信息
		8.7.2	描述不合格，采取的措施、让步、识别处置不合格的授权

条款	保持"形成文件的信息"	条款	保留"形成文件的信息"
9	—	9.1.1	质量管理体系绩效和有效性评价结果
		9.2.2	审核方案实施证据及审核结果
		9.3.3	管理评审结果的证据
10	—	10.2.2	不合格的性质以及随后采取措施及结果的证据

（2）形成文件的信息通常包括组织内部文件和外部文件。内部文件包括制度、办法、规定和实施细则、工作标准、管理标准和技术标准（图样、规程、作业指导书、样板/示范、服务蓝图、工艺流程）等，以及执行各类文件过程中所产生的各类记录、档案。外部文件包括适用的国际公约、规范、标准、法律法规和技术规范书等。

形成文件的信息不是越多越好，而是应该与组织的规模、活动类型、过程、产品和服务、过程及其相互作用的复杂程度、人员的能力相适应。

（3）组织在创建和更新形成文件的信息时，应在发布前对其进行评审和批准，确保其适宜、充分和协调一致。组织应对形成文件的信息采用适当的方法进行标识，便于识别、检索，防止误用。常见的标识方法，如标题、日期、版本号、修订状态、作者、索引编号、指定的电子存储区域等。形成文件的信息可以采用不同的形式（如文字、图片、实物、音频、视频等）和不同类型的媒介（如纸张、光盘等）。

（4）形成文件的信息控制目的有：

1）确保有关岗位能够及时得到适用的形成文件的信息，避免不能得到或使用作废信息。

2）对形成文件的信息予以保护，防止泄密、篡改、不当使用、破坏和丢失等。

（5）组织应通过下列活动，实现形成文件的信息的控制。

1）分发、访问、检索和使用：组织可采取不同的方式让使用者能获取并使用形成文件的信息，如：纸质文件、光盘等形式发放，音频视频的播放，网上发布文件等。

2）存放和保存：为防止丢失、受损、泄密，组织应考虑到法律法规的规定要求、顾客要求、产品和服务的责任期限等。将形成文件的信息以适当的方式予以保存，如数据备份、档案保管等。

3）更改控制：如重新审批、版本号、修订状态的识别、更改后文件的发放应用。

4）保留和处置：对作废的形成文件的信息，组织需要进行诸如销毁、数据删除等处置；出于参考、总结等目的需保留，此时应以适当地标识予以区别，防止误用。

（6）记录是"阐明所取得的结果或提供所完成活动的证据的文件"。保密记录的保存和处置应有及时性的规定。记录要防止非授权地调用、更换。记录的标识、汇集、编目和归档均应做出明确的规定。

（7）对于外来文件，组织要考虑收集、标识、审查、发现、使用、更改（包括更换和补充）和废止，要建立一个渠道，确保能适时收集到适用文件的最新版本或修改信息。对于外来文件的审查，是对本组织识别、采用该文件的适宜性的审查。

二十二、运行策划和控制

1. 标准原文

> **8 运行**
>
> **8.1** 运行策划和控制
>
> 组织应通过采取下列措施，策划、实施和控制满足产品和服务要求所需的过程（见 4.4），并实施第 6 章所确定的措施：
>
> a）确定产品和服务的要求；
>
> b）制定有关下列内容的准则：
>
> 1）过程；
>
> 2）产品和服务的接收。
>
> c）确定满足产品和服务要求所需的资源；
>
> d）按照准则实施过程控制；
>
> e）在必要的范围和程度上，确定并保持、保留成文信息，以：
>
> 1）确信过程已经按策划进行；
>
> 2）证实产品和服务符合要求。
>
> 策划的输出应适合于组织的运行。
>
> 组织应控制策划的变更，评审非预期变更的后果，必要时，采取措施减轻不利影响。
>
> 组织应确保外包过程受控（见 8.4）。

2. 理解要点

（1）组织无论提供有形产品或无形服务，都要经过一系列有序的过程和子过程来实现。组织应识别并确定这些过程，并就如何开展过程活动以实现顾客满意的产品和服务做出策划。运行过程的策划应针对组织具体的产品、服务、项目或合同进行。结合产品和服务的特点和运行过程的特点，将质量管理体系的运行过程要求具体应用于特定产品和服务的实现过程活动中。图 3-4 是产品和服务实现所需的过程示例。

（2）运行过程的策划，应确定以下方面的适当内容：

1）确定具体产品和服务及其质量目标和要求。产品的质量目标是可以理解为产品所追求的质量特性，通常都有量化的质量指标，如产品的性能和功能、使用寿命、可靠性、服务时效及时性、易用性、成分、含量。产品的要求包括顾客对产品规定的要求；产品的规定用途或已知预期用途所必需的要求；适用的法律法规要求；组织认为有必要的要求。

2）对产品确定过程、文件和资源的需求。不同产品和服务运行的过程，会有很大的差别。即使同一类产品和服务，不同的质量目标和要求也会导致策划产品和服务的运

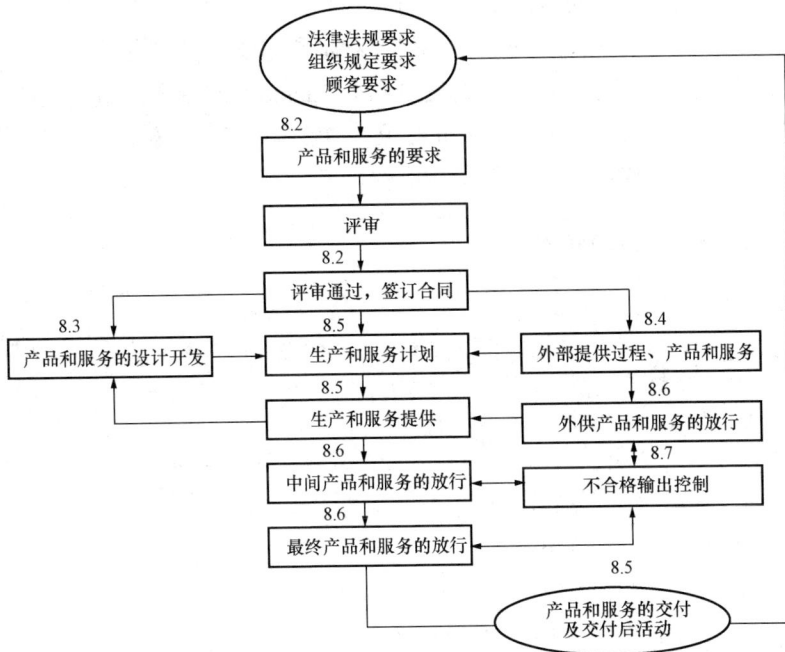

图 3-4　产品和服务实现所需的过程

行过程的不同。组织应针对产品和服务策划确定其运行过程，并为此制定相应的文件和配置适宜的资源，以使运行过程有效地运作，确保产品和服务要求的实现。

3）确定产品和服务所要求的验证、确认、监视、检验和试验活动，以及产品接收准则。

4）运行过程及其产品和服务满足要求提供证据所需的记录。提供证据的记录包括过程运行的符合性及产品和服务（过程输出的结果）的符合性。过程的符合性记录，是指过程实际运行条件的数据应符合组织根据运行过程要求及组织配置的资源和状况规定的参数，一般通过文件规定。产品和服务的符合性记录，通常是指产品检验、测试记录或报告等，记录的数据应符合产品和服务的接收准则。

（3）质量计划。对应用于特定产品和服务、项目或合同的质量管理体系的运行过程和资源做出规定的策划，策划结果后做出相应规定的文件可称之为质量计划。

组织对传统的产品和服务类别，按已有的质量管理体系文件规定运作，不必制订质量计划。对于特定的产品和服务、项目和合同，实际的运行与已有的质量管理体系有差别时，组织就需要制订质量计划。

特定产品和服务、项目和合同的实现过程同组织现有的质量管理体系的运行规定，会有不同程度的吻合，组织在策划和编制质量计划时，应确保与质量管理体系其他过程的要求相一致，以提高质量计划的可操作性，并简化质量计划。

（4）策划的输出应适合于组织的运作方式。运行策划的输出形式可根据组织的产品和服务特点、过程复杂程度、组织规模等情况做出灵活安排，可以形成文件，也可以不形成文件，只要适合于组织的运作方式即可。

（5）组织应策划和控制外包过程，外包过程也是组织运行过程的一部分。在策划运行和控制准则时，组织应考虑计划中的变更和潜在的非预期变更。组织应监控针对产品和服务提供的计划性变更，并对非预期的变更结果进行评审。必要时，组织应采取措施处置或减少任何不良影响。组织应保留相应的记录。

二十三、产品和服务的要求

1. 标准原文

8.2 产品和服务的要求

8.2.1 顾客沟通

与顾客沟通的内容应包括：

a）提供有关产品和服务的信息；

b）处理问询、合同或订单，包括更改；

c）获取有关产品和服务的顾客反馈，包括顾客投诉；

d）处置或控制顾客财产；

e）关系重大时，制定应急措施的特定要求。

8.2.2 产品和服务要求的确定

在确定向顾客提供的产品和服务的要求时，组织应确保：

a）产品和服务的要求得到规定，包括：

1）适用的法律法规要求；

2）组织认为的必要要求。

b）提供的产品和服务能够满足所声明的要求。

8.2.3 产品和服务要求的评审

8.2.3.1 组织应确保有能力向顾客提供满足要求的产品和服务。在承诺向顾客提供产品和服务之前，组织应对如下各项要求进行评审：

a）顾客规定的要求，包括对交付及交付后活动的要求；

b）顾客虽然没有明示，但规定的用途或已知的预期用途所必需的要求；

c）组织规定的要求；

d）适用于产品和服务的法律法规要求；

e）与以前表述不一致的合同或订单要求。

组织应确保与以前规定不一致的合同或订单要求已得到解决。

若顾客没有提供成文的要求，组织在接受顾客要求前应对顾客要求进行确认。

注：在某些情况下，如网上销售，对每一个订单进行正式的评审可能是不实际的，作为替代方法，可评审有关的产品信息，如产品目录。

8.2.3.2 适用时，组织应保留与下列方面有关的成文信息：

a）评审结果；

b）产品和服务的新要求。

8.2.4　产品和服务要求的更改

若产品和服务要求发生更改，组织应确保相关的成文信息得到修改，并确保相关人员知道已更改的要求。

2. 理解要点

（1）顾客沟通。实施与顾客的有效沟通，可以正确、全面地了解顾客的要求，可以正确、及时地掌握顾客对组织的产品/服务满意程度或建议，这一切可作为实施持续改进的基础信息。

1）沟通的内容有：

a）产品和服务的信息。

b）问询、合同和订单的处理，包括对其修改。

c）顾客反馈，包括顾客抱怨。

d）适宜时，确保顾客得知组织如何处理和控制顾客财产。

e）确保在出现紧急情况时，组织积极与顾客就可能的事宜和可采取的措施进行沟通。这里的事宜是指对满足顾客要求有负面影响的问题。

2）沟通的方式可以是：

a）走访。

b）通信方式，如电话、电报、传真、电子邮件、信件等。

c）接待。

组织应规定由相应的职能部门做好并保存与顾客沟通的记录，以便及时解决沟通中反映的问题。

（2）与产品和服务有关的要求的确定。组织充分了解产品和服务各个方面的有关要求，是能够提供顾客满意和符合法律法规的产品/服务的前提条件。产品和服务要求的确定从以下四大方面考虑：

1）顾客规定的要求，包括交付和交付后活动的要求。这是指在标书、合同中明确规定的要求，包括产品和服务的质量特性要求（技术指标、外形尺寸、重量、可靠性、光洁度）、产品和服务的交付活动要求（交货期、包装、运输方式）、对产品和服务的交付后活动的要求（安装、维修、更换、回收、最终处置的附加服务等）。

2）顾客虽然没有明示，但规定的用途或已知的预期用途所需的要求。如一家美食点心店，点心的规定用途是供客人食用，其必须要求是客人喜欢吃，最好色香味俱全。又如电话通信公司提供的服务应考虑接通率。

3）与产品和服务有关的法律法规要求。产品和服务必须符合我国法律法规标准的要求，如食品的卫生要求、压力容器的安全要求。

4）组织确定的任何附加要求。组织确定的附加要求，可以是组织本身为有利于使产品和服务得到顾客的喜爱，增加顾客购买的可能性，以争得更大的市场份额，组织往往开发并确定其他的附加要求。附加要求，可以在组织的内控标准或产品和服务标准、规范等文件中做出规定。但是，组织确定的任何附加要求，都必须是在满足前3项要求的前提下的附加要求。另外，组织应确保有能力满足上述四方面的要求。组织应从资源、产能、技术、知识和过程确认五个方面考虑是否拥有足够能力满足要求。

（3）与产品和服务有关的要求的评审。组织内有关人员或有关部门对确定的产品和服务有关要求发表意见。以确定组织已正确了解产品和服务的要求并有能力实现，这就是产品和服务有关要求的评审。

1）评审的时机。评审应在组织向顾客做出提供产品和服务的承诺，如在提交标书、接受合同或订单及接收合同或订单的更改之前进行。

2）评审方式。产品和服务有关要求的确定形式是多样的，例如书面合同、订单或口头协议、电话订货等方式。因此，评审的方式也会有多种多样，宜从本组织的实际出发，采用合适的方法，如：可以在合同/订单上做注解，说明评审通过，由评审者签名注出日期；也可以是合同记录表的形成式记录各有关部门的意见及其后的措施，结论应表明评审结果。参加评审的人员可以是授权的业务人员，授权的部门负责人，授权的多个部门的人员。采用什么样的评审方式由组织自行确定。

值得注意的是，由于组织的性质特殊，产品和服务有关的要求的评审也比较特殊。如对电子商务公司而言，不可能实施对每一订单进行正式评审，而采取对产品和服务目录、产品和服务广告内容进行评审方式；又如一家旅客运输服务公司，它向社会公开承诺它的服务项目，在承诺发布前该公司进行承诺内容的评审，这也是一种产品和服务有关要求的评审的特殊形式。

3）产品和服务要求发生变更的信息传递。无论是由于顾客要求变更还是组织要求变更，组织都必须将变更的信息及时传递到相关职能部门和人员，确保相关人员知识已变更的要求，并需重新进行评审，以确保组织有能力满足变更后的产品和服务要求。组织应确保，因产品和服务要求变更，导致相关文件更改。

4）产品和服务有关要求的评审记录。评审的结果和在评审中引起任何必要的措施必须予以记录。评审中引起任何必要的措施时，实施这些措施，并记录实施这些措施的结果非常重要。如果这些措施未达到预期的结果，则很可能重新修改投标、合同或订单。

二十四、产品和服务的设计和开发

1. 标准原文

8.3 产品和服务的设计和开发

8.3.1 总则

组织应建立、实施和保持适当的设计和开发过程，以确保后续的产品和服务的提供。

8.3.2 设计和开发策划

在确定设计和开发的各个阶段和控制时，组织应考虑：

a）设计和开发活动的性质、持续时间和复杂程度；

b）所需的过程阶段，包括适用的设计和开发评审；

c) 所需的设计和开发验证、确认活动；

d) 设计和开发过程涉及的职责和权限；

e) 产品和服务的设计和开发所需的内部、外部资源；

f) 设计和开发过程参与人员之间接口的控制需求；

g) 顾客及使用者参与设计和开发过程的需求；

h) 对后续产品和服务提供的要求；

i) 顾客和其他有关相关方所期望的对设计和开发过程的控制水平；

j) 证实已经满足设计和开发要求所需的成文信息。

8.3.3 设计和开发输入

组织应针对所设计和开发的具体类型的产品和服务，确定必需的要求。组织应考虑：

a) 功能和性能要求；

b) 来源于以前类似设计和开发活动的信息；

c) 法律法规要求；

d) 组织承诺实施的标准或行业规范；

e) 由产品和服务性质所导致的潜在的失效后果。

针对设计和开发的目的，输入应是充分和适宜的，且应完整、清楚。

相互矛盾的设计和开发输入应得到解决。

组织应保留有关设计和开发输入的成文信息。

8.3.4 设计和开发控制

组织应对设计和开发过程进行控制，以确保：

a) 规定拟获得的结果；

b) 实施评审活动，以评价设计和开发的结果满足要求的能力；

c) 实施验证活动，以确保设计和开发输出满足输入的要求；

d) 实施确认活动，以确保形成的产品和服务能够满足规定的使用要求或预期用途；

e) 针对评审、验证和确认过程中确定的问题采取必要措施；

f) 保留这些活动的成文信息。

注：设计和开发的评审、验证和确认具有不同目的。根据组织的产品和服务的具体情况，可单独或以任意组合的方式进行。

8.3.5 设计和开发输出

组织应确保设计和开发输出：

a) 满足输入的要求；

b) 满足后续产品和服务提供过程的需要；

c) 包括或引用监视和测量的要求，适当时，包括接收准则；

d) 规定产品和服务特性，这些特性对于预期目的、安全和正常提供是必需的。

组织应保留有关设计和开发输出的成文信息。

8.3.6 设计和开发更改

组织应对产品和服务在设计和开发期间以及后续所做的更改进行适当的识别、评审和控制，以确保这些更改对满足要求不会产生不利影响。

组织应保留下列方面的成文信息：

a) 设计和开发更改；

b) 评审的结果；

c) 更改的授权；

d) 为防止不利影响而采取的措施。

2. 理解要点

(1) 设计和开发的概念。将要求转换为产品、服务、过程或体系的规定的特性或规范的一组过程。设计和开发是一组过程，一组过程的输入为"要求"，输出为产品和服务过程体系的"规定的特性或规范"。

设计和开发过程又可分解为若干子过程：设计和开发策划过程、设计和开发输入过程、设计和开发控制过程、设计和开发输出过程、设计和开发更改过程等。其中某些子过程，如设计和开发控制过程，在不同设计阶段中，可能会多次出现。每一阶段分别有设计和开发输入、设计和开发输出过程。上一阶段的设计和开发输出，即为下一阶段设计和开发输入。

(2) 设计和开发策划。组织应对产品和服务的设计和开发进行策划和控制。策划的内容包括：

1) 设计开发策划应确定设计开发过程的阶段。组织根据设计、开发产品、服务特点和以往的经验，确定设计开发过程的阶段。不同顾客要求的产品和服务，设计开发过程会有较大的差别。对于一些复杂的产品和服务或工程的设计，设计开发前期的预研、方案论证等，需要做大量工作。对于一些简单的产品和服务的设计，如在原有产品和服务基础上只做局部修改的产品和服务，设计开发过程就很简单。

阶段划分后，应规定每一阶段的工作内容和要求、职责分工。不同的产品和服务特点，设计开发工作内容和要求是不同的。

2) 确定每个设计和开发阶段的合适的评审、验证和确认活动。不同的特点、不同组织的能力以及以往的经验不同，决定产品和设计开发过程可能会有很大差别，导致需进行设计开发评审、验证和确认活动的阶段也会有很大的不同。

因此，组织应规定在每个设计开发阶段需开展的适当评审、验证和确认活动，包括活动时机、参与人员、活动要求和活动方式。在确保产品和服务设计质量的原则下，设计评审、验证和确认活动宜尽量简化。这有助于加快新产品和服务的设计过程，增强组织的综合竞争能力。

3) 设计开发职责和权限的规定。新产品和服务设计和开发过程中，会涉及多个职能部门。如市场部门、采购部门、生产设备管理部门、质量部门、工艺部门、检测设备管理部门等。因此，应明确这些跟新产品和服务设计开发工人有关的职能部门的职责和权限。组织应考虑在设计和开发的过程中，何时需要顾客和使用者参与，例如邀请顾客或使用者试用样品。

4）组织和技术接口管理。

a）组织接口是指不同部门或小组之间的衔接。例如，设计部门需要采购物料审批后由采购部实施。组织接口应确保设计开发过程能顺利进行、各相关部门和组别能有序开展设计开发活动。

b）技术接口是指设计开发过程中，不同小组设计开发不同的内容，并进行系统地整合，以满足设计开发输入规定的技术指标。

由于产品和服务类型的不同、涉及设计活动的小组设置的不同，组织接口和技术接口可能会有很大的不同。但是，接口一旦设置和规定后，应规定不同小组在有关接口方面的职责，不同小组按各自不同职责确定的设计开发活动内容能顺利地、整体地进行，并逐步推进和最终完成产品设计开发。另外，不同小组必须经常进行有效的沟通，沟通的内容包括不同小组设计活动实际进度状况、各种信息的交流、预定接口是否合理等。同时，应规定能改变接口责任者的权限，如果预定的接口有问题，应立即报告该责任者，通过适当地修改接口，以确保产品设计开发满足顾客要求。

5）组织应识别产品和服务的设计与开发需要哪些内外部资源，并提供这些资源。

6）设计和开发策划的输出及其更新。设计开发策划的结果，通常以《可行性分析报告》《等题研究报告》《设计计划》的形式出现，是新产品和服务设计开发工作总体安排的方案，是组织实施设计开发活动的主要依据。设计计划经授权人员审批后实施。

随着设计和开发的进展，策划的输出应予以必要的更新。设计计划实施过程中，可能随着外部情况的变化和组织设计部门在实施计划的过程中遇到原来未曾预料的问题，应及时地对计划进行修改和补充。

（3）设计和开发输入。设计和开发输入是设计和开发过程中开展各项活动的依据。设计和开发输入包括：

1）产品和服务有关功能和性能方面的要求。例如：电视机的声音、图像、机械性能、节电性能、安全性、可信性、方便。

2）适用的法律法规要求。如：相关的法律法规要求；国际或国家标准，特别是强制性标准要求；行业规则要求。适用时，以前类似设计提供的信息。

3）正常搬运、安装、使用和维护所必需的产品和服务特殊要求。如：运行、安装和使用的要求；贮存、搬运、维护和交付的要求；工作环境要求。

4）设计和开发所必需的其他要求。如：顾客或市场的需求和期望；组织为有利于顾客接受而采取的其他设计开发措施。

5）组织可使用 D－FMEA 技术分析由于产品和服务特性的失效所导致的潜在后果。

组织还应特别注意那些含糊不清或自相矛盾的要求。组织应保留有关设计和开发输入的形成文件的信息，满足设计和开发的目的。

（4）设计和开发控制。

1）设计和开发评审。设计和开发评审在设计和开发过程的适当阶段进行。在不同阶段，设计开发评审的范围、内容要求、方式可能有所不同，但目的是：

a）对本阶段设计成果满足产品和服务质量要求的能力做出评价。

b）识别和发现设计中的问题和不足，并采取适当措施，以期有效解决。

为了达到系统评审的目的，组织应在策划活动中明确设计和开发评审的阶段、达到目标、参加人员及职责。组织应按照设计和开发策划的输出结果进行评审。

识别和发现设计开发中的问题和不足，并采取必要的措施。对采取的任何必要的措施在实施过程中进行跟踪，以确保措施的有效性，从而使设计开发能力满足要求，使该阶段的设计和开发输出满足设计和开发输入的要求。

适宜阶段的设计和开发评审的参加者应包括评审的设计和开发阶段有关的职能代表。对每一个设计和开发评审阶段的评审范围、评审内容、参加评审人员和评审时间、评审结果，包括评审中识别的问题、决定采取的措施及其实施情况应予以记录，并保存设计和开发评审记录。

2）设计和开发验证。设计开发验证的目的是确保设计开发输出满足设计开发输入的要求。组织根据设计开发策划的安排，对验证阶段和验证方法做出规定。

设计开发验证的常用方法有：

a）采用其他计算方法进行验证。组织应对其他计算方法所使用的假设、输入数据、计算方法或适用性进行评审，以确定其适用性。计算结果可能不完全相同，但必须在规定的变差/误差范围内，否则，应重新计算，并改下原计算的错误。

b）与已证实的类似产品和服务计划进行比较。

c）采用试验、模拟或试用进行验证。当采用试验进行验证时，试验条件应与新产品所要求的使用条件一致。根据试验结果进行评价，在试验报告上做出验证结论。采用模拟或试用进行验证，指在无法具备试验条件，在客观实际很难具备试验条件时，往往采用模拟方式，如进行计算机防真验证。如产品和服务设计开发简单，一般直接采用试用方法验证。

d）设计文件发布前的评审。这也是设计开发验证的方法之一，以确认设计开发输出文件的正确性。当验证结果表明设计开发输出未能或部分未能满足输入要求时，应决定采取必要的措施（包括更改设计开发）以满足要求。验证结果和任何必要措施应予以记录。

3）设计和开发确认。设计开发确认是为了确保产品和服务满足规定的使用要求或已知的预期用途的要求。设计开发确认应按策划的安排予以实施。

设计开发确认通常是在设计开发完成后，产品和服务正式生产或服务正式提供之前进行。对于单件产品和服务则应在正式交付前进行。但如果在产品和服务交付或实施前全部确认不可能做到，则必须在适当范围内实施局部确认。

设计开发确认一般可以用会议的形式进行。会议的参加者对开发确认前的验证试验结果及小批量生产的技术经济可行性进行评审，评审合格后，应形成正式的设计开发确认文件。

产品和服务如果是根据特定的顾客要求设计开发的，设计开发确认必须有顾客和顾客代表参加，并经顾客或顾客代表同意后，设计开发确认才能生效。新产品和服务如果不是根据特定的顾客要求设计开发的，组织在没有充分把握时，在确定批量生产前，往往要经过市场确认的阶段。通常做法是，安排生产较小的批量产品和服务投放预定的市场，了解市场对该新产品和服务的反应，以确认该新产品和服务是否能够得到顾客欢迎。

当确认结果表明设计开发的产品和服务不能或不能全部满足规定的或已知的预期用途的要求时，组织应决定采取有效的必要措施，以满足要求。任何必要措施实施后，应重新组织设计开发确认。

确认结果和任何必要的措施必须予以记录。

（5）设计和开发输出。不同类型产品和服务的设计开发输出可以有不同的形式，不同类型的设计以及在不同的设计开发阶段也可以有不同的形式的输出。但是，应能对照设计开发输入进行验证。可能形成不同的文件或实物。常见的设计开发输出有：图样、规范作业指导书、物料单、配方、实物服务规范、用户指南等。

设计开发输出的内容应：

1）满足设计和开发输入的要求。

2）给采购、生产和服务、测量提供适当信息。特别是给产品和服务提供所需要的物料及其特性规范的清单、产品和服务的特性、服务规范、实现过程规范等，以保证通过生产和服务提供、测量的运作得到符合规定的产品和服务。

3）包含或引用接收准则和监视测量要求。明确规定产品和服务的接收准则和监视测量要求，就能用以判断后续产品和服务在实现过程的输出是否符合设计开发输入的要求，这些准则包括在采购、生产和服务过程所依据的检验和试验要求。

4）规定安全和正常使用所必需的产品和服务特性。对产品和服务安全和正常工作关系重大的设计特性（如操作、贮存、搬运、维护和处置要求）在设计输出文件中要加以标识和说明。如防雨、防倾斜、小心轻放在产品和服务过程包装上相应标识。

5）组织应保留有关设计和开发输出的形成文件的信息。在得到批准后，组织才可发放设计和开发输出文件，必要时向相关人员进行技术交底。

（6）设计和开发更改。设计和开发更改包括在产品和服务开发、生产和保障的整个寿命周期中，更改的原因可能是顾客要求的更改、法律法规的更改、工艺改进、材料的改变、消除错误等。

所有设计和开发的更改应形成文件。对任何更改要求必须进行评价，应充分分析论证更改部分对产品和服务其他部分及整体功能、性能的影响，以确定更改是否适当。

如仅对更改部分有影响，对其他部分和/或整体功能、性能无影响，则可由授权人对此进行评审认可，不必另行安排对更改进行验证和确认。评审应包括评价更改对产品和服务组成部分和已交付产品和服务的影响。如更改不适当，产生了非预期的不良后果，则应采取必要的措施，以纠正该更改的不良后果。

组织应保留设计和开发更改、评审结果、更改的授权和为防止不利影响而采取的措施等四个方面的形成文件的信息。

二十五、外部提供过程、产品和服务的控制

1. 标准原文

8.4 外部提供过程、产品和服务的控制

8.4.1 总则

组织应确保外部提供的过程、产品和服务满足要求。

在下列情况下，组织应确定对外部提供的过程、产品和服务实施的控制：

a) 外部供方的过程、产品和服务构成组织自身的产品和服务的一部分；

b) 外部供方代表组织直接将产品和服务提供给顾客；

c) 组织决定将过程或过程的一部分外包。

组织应基于外部供方提供所要求的过程、产品和服务的能力，确定外部供方的评价、选择、绩效监视以及再评价的准则，并加以实施。组织应保留这些活动和评价措施所需的形成文件的信息。

8.4.2 控制类型和程度

组织应确保外部提供的过程、产品和服务不会对组织向顾客交付合格产品和服务的能力产生负面影响。

组织应：

a) 确保外包过程保持在其质量管理体系的控制之中；

b) 规定用于外部供方的控制和用于输出结果的控制；

c) 考虑：

1) 外部提供的过程、产品和服务对组织持续提供满足顾客要求和适用的法律法规要求的能力的潜在影响；

2) 控制外部供方的有效性；

d) 确定验证或其他活动，以确保外部提供的过程、产品和服务满足要求。

8.4.3 外部供方的信息

组织应确保在与外部供方沟通之前所确定的要求是充分的。

组织应同外部供方沟通其对以下内部的要求：

a) 所提供的过程、产品和服务；

b) 对下列内容的批准：

1) 产品和服务；

2) 方法、过程和设备；

3) 产品和服务的放行；

c) 能力，包括所要求的人员资格；

d) 外部供方与组织的互动；

2．理解要点

（1）外部提供的过程、产品和服务类别。

1）外部供方的过程、产品和服务构成组织自身的产品和服务的一部分，例如工厂原材料、零部件的采购、饭店海鲜采购过程外包或委托外部供方加工轴承。

2）外部供方替组织直接将产品和服务提供给顾客，如物业公司把绿化服务外包。

3）组织决定由外部供方提供过程或部分过程，如：某建筑公司电梯安装过程分包或将安装过程中的吊装委托外部供方实施；某机械公司将热处理过程外包给专业公司。

（2）对外部供方的控制应根据外部供方提供的过程、产品和服务的能力，确定评价、选择、绩效监视以及再评价的准则并加以实施。制定选择、评价和重新评价外部供方的准则应考虑：

1）外部供方产品和服务对组织产品和服务实现的影响，例如运输企业需采购燃料（汽油、柴油等），这些产品对运输企业提供运输服务的过程影响很大，须严格控制。

2）外部供方产品和服务对组织最终产品和服务的影响，组织可根据影响程度，确定对外部供方及其产品和服务的控制类型和控制程度。对外部供方选择、评价和重新评价的准则应明确规定。

a）选择、评价外部供方的准则，一般包括下述方面：

①外部供方提供产品和服务的质量状况或相关经验。

②外部供方的实际生产能力。

③外部供方的质量管理体系的保证能力。

④外部供方提供交付后的服务、支持能力和信誉。

⑤外部供方产品和服务的价格、财务状况和交货及时性等。

b）当组织已通过评价，明确选择并确定外部供方为合格供方时，对外部供方控制和重新评价的准则可包括：

①外部供方产品和服务持续提供状况（包括质量、交换期、价格和服务等）。

②同外部供方经常沟通，提出其产品和服务的问题。

③当外部供方提供的产品和服务不能满足要求时，要求外部供方限期采取并实施纠正措施及报告实施效果。

④在一定期限加严采购的验证或检验，若外部供方产品和服务仍不合格，应停止外部供方供货。必要时，可取消供应商的合格供方资格。

（3）对于外部供方评价、选择、绩效监视以及再评价引发的任何必要的措施，组织应保留所需的形成文件的信息。

（4）组织对外部供方控制的类型和程度取决于两个因素：一是外部提供的过程、产品和服务对组织稳定提供满足顾客要求和适用法律法规要求的能力的潜在影响；二是外部供方自身控制的有效性。

（5）组织应针对不同的外部供方提供的过程、产品和服务，根据重要性分为甲乙丙等几类，确定不同的控制类型、程度和要求；可采取的控制模式包括验收检验、验证质量证明文件、分析报告、第二方审核、试验、数据统计分析和绩效指标评价等。

（6）组织应确保外部提供的过程保持在质量管理体系的控制之中，如：建筑施工企业工程项目分包设备安装过程：组织应对分包方的安装方案进行审批；对安全人员资质进行验证；对安装人员进行技术和安全交底；对安装过程进行监督；对分包项目组织验收等。

（7）组织提供给外部供方的信息。组织要做好采购工作，首先要规定明确的采购要求，采购信息应清楚地表达拟采购产品的要求。这些要求可包括：

1）需要的产品、过程和服务。

2）质量保证文件，如产品和服务检验记录、产品和服务的生产计划。

3）产品和服务生产的程序，试生产、批生产批准程序、放行方式。

4）外部供方设备方面的要求。

5）外部供方过程方面的要求，如对关键工序、特殊工序进行监督验证。

6）外部供方人员方面的能力要求，如关键岗位的资格鉴定。

7）明确外部供方与组织的接口，以便于沟通信息。

8）组织对外部供方绩效的控制和监视的要求，并收集、分析相关信息，作为对外部供方再评价的依据。

9）组织或其顾客拟在外部供方现场实施的验证或确认活动的安排及输出结果的放行方式。

二十六、生产和服务提供

1．标准原文

> **8.5　生产和服务提供**
>
> **8.5.1　生产和服务提供的控制**
>
> 组织应在可控条件下进行生产和服务提供。适用时，可控条件应包括：
>
> a）可获得形成文件的信息，以规定以下内容：
>
> 1）所生产的产品、提供的服务或进行的活动的特征；
>
> 2）获得的结果。
>
> b）可获得和使用适当的监视和测量资源；
>
> c）在适当阶段实施监视和测量活动，以验证符合过程或输出的控制准则以及产品和服务的接收准则；
>
> d）为过程的运行提供适宜的基础设施和环境；
>
> e）任命具备能力的人员，包括所要求的资质；
>
> f）若输出结果不能由后续的监视或测量加以验证，应对生产和服务提供过程实现策划结果的能力进行确认和定期再确认；

g）采取措施防止人为错误；

h）实施放行、交付和交付后活动。

8.5.2 标识和可追溯性

需要时，组织应采用适当的方法识别输出，以确保产品和服务合格。

组织应在生产和服务提供的整个过程中按照监视和测量要求识别输出状态。

若要求可追溯，组织应控制输出的唯一性标识，且应保留实现可追溯性所需的形成文件的信息。

8.5.3 顾客或外部供方的财产

组织应爱护在组织控制下或组织使用的顾客或外部供方的财产。

对组织使用的或构成产品和服务一部分的顾客和外部供方财产，组织应予以识别、验证、保护和防护。

若顾客或外部供方的财产发生丢失、损坏或发现不适用情况，组织应向顾客或外部供方报告，并保留所发生情况的成文信息。

注：顾客或外部供方的财产可能包括材料、零部件、工具和设备以及场所，知识产权和个人资料。

8.5.4 防护

组织应在生产和服务提供期间对输出进行必要的防护，以确保符合要求。

注：防护可包括标识、处置、污染控制、包装、储存、传输或运输以及保护。

8.5.5 交付后活动

组织应满足与产品和服务相关的交付后活动的要求。

在确定所要求的交付后活动的覆盖范围和程度时，组织应考虑：

a）法律法规要求；

b）与产品和服务相关的潜在不良的后果；

c）产品和服务的性质、使用和预期寿命；

d）顾客要求；

e）顾客反馈。

注：交付后活动可包括保证条款所规定的措施、合同义务（如维护服务等）、附加服务（如回收或最终处置等）。

8.5.6 更改控制

组织应对生产或服务提供的更改进行必要的评审和控制，以确保持续地符合要求。

组织应保留成文信息，包括有关更改评审的结果、授权进行更改的人员以及根据评审所采取的必要措施。

2. 理解要点

（1）生产和服务提供的控制。生产和服务提供对组织能否提供满足顾客需求的产品和服务有着重要的影响，因此组织必须根据产品、服务以及运作过程的特点实施充分而恰当的控制。

生产和服务的提供对有形产品来说，是指其加工、制造直至交付后服务的过程；对软件来说，是指软件实现、交付、安装、配套和维护过程；对服务来说，是指服务的提供过程。

生产和服务提供的受控条件可包含以下内容：

1）获得形成文件的信息以表述产品和服务特性的信息。产品和服务特性信息主要是产品和服务的技术、质量特性要求，包括对安全和正常使用所必需的特性。

2）必要时，获得作业指导书。作业指导书是指导组织员工从事生产和服务提供运作的指导文件或称工艺文件，并不是每一种作业活动都必须具有这类指导文件，这同作业的复杂性、所形成产品和服务特性的重要性及从事该作业的员工技能有关，当缺少这类指导文件可能影响产品生产和服务提供的有效运作和有效控制时，就必须编制和使用这类指导文件。

必需作业指导文件时，组织应规定作业指导文件的种类、格式、内容、编制部门和授权的审核、批准人员等。

作业指导文件通常有：有形产品的工艺流程图、作业指导书、工艺卡、工作指引、操作规范和规程、检验规程、试验规程、使用说明书等；服务业的服务提供规范、服务质量控制规范、管理办法等；软件产品的编程规则和注释规则。

3）获得和使用监视和测量资源。组织应获得和使用监视和测量资源，以便在动作过程中能对产品和服务特性和过程特性进行监视和测量，使产品和服务特性和过程得到控制。

4）实施监视和测量。组织在获得和使用监视和测量资源后，应实施监视和测量，应将监视和测量资源用于实际的生产和服务过程。

应规定实施监视和测量的对象、采用的装置、监视和测量方法、记录参数和做好相应记录等。

5）适宜的基础设施和环境。基础设施包括设备、工装夹具、模具、服务设施、ERP 软件、照明、水电气（汽）、通风、消防等；环境包括物理环境（温度、湿度、卫生等）、人文环境。"适宜"的含义是基础设施和环境要求应满足生产和服务过程的要求。

6）配备具备能力的人员，包括所要求的资质。组织应配备满足生产和服务提供需要的具备能力的人员，包括所要求的资质。如油漆作业人员的能力，对油漆质量至关重要，油漆工应该经过严格培训，具备经验才能上岗。中学教师须经过严格培训具备教学能力，取得老师资格证才能上岗。

7）生产和服务提供过程的确认和再确认。当生产和服务过程所形成的产品或服务的特性不能由过程结束时的测量、检验来验证是否达到了输出要求，其缺陷在后续的生产和服务过程乃至在产品使用或服务交付后才显露出来。组织应对这样的过程实施确认。

为确保这些过程能满足要求，除进行过程的监视和测量外，还必须采用过程确认的手段，以证实这些过程能够达到过程策划中预期实现的结果。

过程确认的内容，通常包括以下方面：

① 过程能力鉴定。规定生产和检测设备和人员的要求的推测，综合分析和判断在诸因素作用下，其过程结果能否达到要求。

② 设备能力鉴定。这包括对设备本身确保质量的能力和维护设备使之保持能力的鉴定。

③ 作业人员资格鉴定。往往在培训的基础上结合实际操作的实绩。评估其能否从事该过程作业。

④ 以各种适宜的形式规定作业方法和过程参数的指标。

⑤ 规定实施该过程时需要记录什么，以便动态分析和控制，必要时可应用适当的统计技术。

⑥ 当过程影响因素发生变更而使过程质量特性不稳定时，组织还需对该过程进行再确认，重新分析过程结果，规定人员资格、设备能力、作业方法、过程参数以及记录的要求等事宜，以便结合实际操作，综合分析、评估和确认特殊过程。

8）采取措施防止人为错误。对人员发挥核心作用的过程，应特别注意是否有防错措施。组织应识别这些过程，并制定必要的防错措施。例如银行在客户设置密码时，要求重复两次输入，防止人为错误；某金工工具板设置模型凹陷空间，防止不同工具放错拿错。

9）放行、交付和交付后活动的实施。组织应对产品和服务的放行和交付做出明确规定。未经最终检验合格或验证满足要求的产品和服务不得放行和交付。应明确规定放行和交付的授权批准人。应根据不同产品和服务的特点、顾客的需求等规定实施交付后的活动。如对顾客的培训、包修包换、软件的维护和升级条件等。对放行、交付和交付后活动的实施应予以记录。

（2）标识和可追溯性。组织应对生产和服务全过程的产品和服务，包括生产服务运作全过程的采购产品和服务、中间产品和服务（半产品、部件产品和在制品等）和成品及服务进行标识，通过标识以产品和服务的特征，如产品和服务的品种、规格，识别产品的质量状态，如产品和服务是否经检验和/或试验、是否合格等。

在生产和服务运作全过程中，标识产品和服务的方式可有多种，可用不同颜色、形状的标记、标签、卡片等，也可用不同形状的容器、定置的区域等。具体采用何种方式，由组织根据实际情况决定。

可追溯性是指通过各种记录和标识，追溯产品和服务提供生产历史、应用状况或放置场所的能力。通常通过采用唯一性标识来识别产品和服务的个体或批次，并通过对可能追溯的范围做好相应记录的办法来进行追溯。为此，组织应控制和记录产品和服务的唯一性标识。

在某些行业，如承担大型工程项目建设等组织，技术状态管理是保持标识和可追溯性的一种方法。

值得一提的是，并非所有产品和服务都要追溯的，一般来说，追溯要求可能来自合同要求、法律法规要求或质量控制的要求。

（3）顾客或外部供方财产是指顾客或外部供方所拥有的、为满足合同要求交由组织控制的或提供给组织使用的财产，如顾客或外部供方向组织提供的原料、部件、产品、工模具、设施、图纸、信息、资料个人数据等。

组织首先对顾客或外部供方财产认真加以识别，然后对其进行有效控制和管理。对顾客或外部供方财产的控制方法，可以建立相应的验证、贮存和维护顾客或外部供方财产的规定性文件。比如：接收验证顾客或外部供方财产时的检验，对所接收财产的数量及其标识进行核对，并检查有无运输中的损坏情况。贮存和使用顾客或外部供方财产时，要进行标识，定期检查，在使用过程中进行适宜的维护保养等。

组织如果发现顾客或外部供方财产丢失、损坏或不适用现象，应及时记录真实情况并通知顾客或外部供方。关于顾客或外部供方财产的所有验证、维护和使用记录均应保持。

（4）防护。需防护的产品和服务指在组织内部生产和服务期间及交付到预定的地点期间，组织需要防护的产品和服务。

产品和服务（包括需向顾客提供的产品及其组成部分，即采购产品和服务、中间产品和服务和成品及包装等）在组织内部生产和服务期间和交付至预定的地点，在交付顾客、并由顾客接收前，组织对产品和服务均负有防护责任。

对产品和服务的防护可从以下方面考虑：

1）建立和保持适当的防护标识。

2）规定和提供适当的搬运方式和设备，防止在组织内部生产和服务运作期间及在交付的搬运过程中损坏产品和服务（包括损坏产品的包装或标识）。

3）根据产品和服务特点和顾客要求确定产品和服务的包装方式和包装材料，以确保产品和服务在提供搬运和贮存期间不损坏、不降低产品和服务性能。

4）在贮存期间必须根据产品和服务特点提供并保持必要的环境和设施条件，采取有效的措施，以防止损坏、变质或误用。

5）对有贮存期规定的产品和服务，必须确保贮存的产品和服务不得超过贮存期存放，组织应规定相应的允许贮存时间，严格执行并提供相应的标识。

6）采取保持措施，防止产品和服务交付前损坏、变质、丢失、泄密。

（5）组织在确定所需的交付后活动时，应考虑法律法规的要求、风险、产品和服务的性质、产品和服务的预期寿命、顾客要求及反馈。

交付后活动可包括以下方面：

1）与顾客接触回访，确认他们是否满意产品或服务。

2）回复顾客关于产品和服务的咨询。

3）现场安装设备和处理顾客的旧设备。

4）合同安排，如保修或技术支持。

5）顾客查询产品或服务交付相关的在线信息（如航班状态）。

6）回收或最终报废处置。

（6）生产和服务提供的更改的原因有：

1）顾客要求或法律法规要求的修改。

2）批量不合格输出的发生。

3）关键设备故障。

4）外部供方进度或质量出现大问题。

对于任一变更，典型的控制活动包括：

1）评审。

2）实施前的验证或确认。

3）批准（适当时包括顾客授权）。

4）实施措施，包括更新质量管理体系的要素。

组织应保留有关变更评审、变更授权人员及任何根据评审所采取必要的措施的文件化信息。

二十七、产品和服务的放行

1. 标准原文

> **8.6 产品和服务的放行**
>
> 组织应在适当阶段实施策划的安排，以验证产品和服务已经符合要求。
>
> 除非得到有关授权人员的批准，适用时得到顾客的批准，否则在策划的安排已圆满完成之前，不应向顾客放行产品和交付服务。
>
> 组织应保留有关产品和服务放行的形成文件的信息。形成文件的信息应包括：
>
> a）符合接收准则的证据；
>
> b）授权放行人员的可追溯信息。

2. 理解要点

（1）产品和服务的放行。组织为了验证其所交付的产品和服务满足了规定要求，必须对产品和服务的质量特性进行监视和测量。监视和测量对象包括最终、采购产品和过程产品和服务。组织必须就哪些产品和服务特性在产品和服务实现过程的哪些阶段进行测量、监控做出明确恰当的安排。这些安排在程序文件、质量计划或检验计划中有明确的表达。

（2）依据产品和服务实现过程的策划安排，产品和服务的监视和测量分以下三个分阶段进行。

1）采购产品和服务的监视和测量。

① 按质量计划和/或其他相关文件的规定对采购产品和服务实施监视和测量，验证其符合规定的要求。组织应确保未经检验或未经验证合格的产品和服务不投入使用或转移。

② 因生产急需来不及验证而放行时，应对该产品和服务做出明确标识，并做好记录，以便一旦发现不符合规定要求时，能立即追回和更换，但同时仍需对该产品和服务进行验证。

③ 确定采购产品和服务的数量和性质时，应考虑在供方处所进行的控制程序和提供的合格证据。

2）过程产品和服务的监视和测量。

① 按质量计划或其他相关文件的规定对过程产品和服务实施监视和测量，验证其符合规定的要求。

② 巡检是对过程产品和服务监视的一种形式。巡检并非对每一个产品和服务进行测量，而是根据一定的时间间隔或有重点地对产品和服务进行间隔性的监视测量，以验证产品和服务符合规定的要求。

③ 组织应确保未经检验或未经验证合格的产品和服务不得放行，例外转序情况除外。

3）最终产品和服务的监视和测量。按质量计划和/或其他相关文件的规定的过程完成后、交付前的最终产品和服务实施监视和测量，验证其符合规定的要求。

应要求所有规定的产品和服务的监视和测量均已完成，且结果满足规定要求。

产品和服务监视和测量后应形成记录，并按规定保存，记录应表明经授权产品和服务放行的责任者。除非得到有关授权人员的批准，适用时得到顾客批准，否则在规定的监视和测量均已圆满完成前，不得放行产品和交付服务。圆满完成包括两方面含义：一是已进行了根据所有策划安排的监视和测量；二是所有监视和测量完成，且结果符合规定的要求。

二十八、不合格输出的控制

1. 标准原文

8.7 不合格输出的控制

8.7.1 组织应确保对不符合要求的输出得到识别和控制，以防止非预期的使用或交付。

组织应根据不合格的性质及其对产品和服务的影响采取适当措施。这也适用于在交付产品之后发现的不合格产品，以及在服务提供期间或之后发现的不合格服务。

组织应通过下列一种或几种途径处置不合格输出：

a）纠正；

b）对提供产品和服务进行隔离、限制、退货或暂停；

c）告知顾客；

d）获得让步接收的授权。

对不合格输出进行纠正之后应验证其是否符合要求。

8.7.2 组织应保留下列形成文件的信息：

a）有关不合格的描述；

b）所采取措施的描述；

c）获得让步的描述；

d）处置不合格的授权标识。

2. 理解要点

组织应规定不合格输出的控制的有关职责权限、运作流程等，并严格执行。不合格输出控制的运行流程主要分以下几个步骤：

（1）不合格输出识别是指对经检验和/或试验已判定为不符合相关标准、规范等规定要求的各种输出，不论采取任何识别措施，人们随时都能从识别措施所提供的信息中准确无误地识别不合格输出，以区别已判定为合格的输出，防止其非预期的使用或交付。

不合格输出又分单个不合格输出和批不合格输出。

通常的识别办法，是采取某种标明检验状态的标识措施，并在相应的文件中加以规定。标识可以是输出的定置标记（如标签、符号等）、放置容器、堆放场地，在产品制造和服务过程中，对标识加以保护和维持。

适用时，一般是将不合格输出放置在标识明确的隔离区，但某些不合格输出，如不合格建筑物等，就只能用标识，而不能用隔离的方法。

（2）不合格输出的评审。在对不合格输出进行识别后，组织的有关授权人员或职能部门根据文件规定进行不合格输出评审。首先判断不合格输出严重程度，确定不合格输出的适用状况，根据不合格现状决定所需的消除不合格的措施。

一般情况下，根据不合格的程度将不合格输出分为以下三类：

1）致命不合格输出，可导致使用者人身安全问题，这是绝对不能让步使用的不合格输出。

2）严重不合格输出，是指丧失输出的基本功能，也属于不能让步使用的不合格输出。

3）轻微不合格输出，一般是指不影响输出基本功能和性能的不合格输出。如产品的非主要功能和性能的缺陷，如外观色彩、轻微伤痕、包装物的缺陷等引起的不合格输出。

根据不合格现状，有关不合格输出的评审人员或职能部门应决定不合格的处置方法，常见的方法有：

1）对不合格输出进行返工或返修。

2）对不合格输出经有关授权人员批准，适用时经顾客批准，让步使用、放行或接受。

3）对不合格输出，可采取降级、改做他用、报废回收或销毁等。

（3）不合格输出的处置及后续验证。组织根据评审结论做出的处置方法，有关人员或职能部门及时实施不合格输出的处置。对于经返工或返修处置后的不合格输出，应再次验证判断其是否符合原来规定或预期使用要求。

（4）当输出将会给顾客和投入使用后发现的不合格时，组织仍应针对不合格输出造成的后果、采取适当措施进行处理，如调换、修理及其他按规定的处理。

组织应按规定保存不合格输出的识别、评审、处置、后续验证阶段所形成的记录，以便为分析不合格产生的原因、实现组织的持续改进提供依据。

二十九、监视、测量、分析和评价

1. 标准原文

9 绩效评价

9.1 监视、测量、分析和评价

9.1.1 总则

组织应确定：

a）需要监视和测量的对象；

b）确保有效结果所需要的监视、测量、分析和评价方法；

c）实施监视和测量的时机；

d）分析和评价监视和测量结果的时机。

组织应评价质量管理体系的绩效和有效性。组织应保留适当的形成文件的信息，作为结果的证据。

2. 理解要点

（1）质量管理体系的绩效是指组织通过质量管理体系运行所实现的可测量的结果，质量管理体系的有效性是指组织通过质量管理体系的运行完成策划的活动并实现策划结果的程度。组织可以通过取得的绩效来评价管理体系的有效性。

（2）质量管理体系绩效通常包括产品、服务、过程、体系有关的内容。组织应结合自身特点和性质，根据需关注的绩效内容，策划监视和测量的对象、时机和方法，策划分析和评价的时机和方法。同时组织应明确相应的职责和记录要求。表 3-4 是依据绩效指标策划监视、测量示例。

表 3-4 依据绩效指标策划监视、测量示例

绩效指标	监视/测量对象	时机	方法	职责	记录
含硫率	入炉煤中的含硫量	每批煤入炉前一周进行	取样化验	燃料部	化验报告
端子一次加工合格率	端子内外径尺寸	每个班次	抽样检验	检验部	检验记录

（3）组织实施的监视、测量、分析和评价活动应保留适当的形成文件的信息，以证实其结果的有效性。

三十、顾客满意

1. 标准原文

9.1.2 顾客满意

组织应监视顾客对其需求和期望获得满足的程度的感受。组织应确定这些信息的获取、监视和评审方法。

注：监视顾客感受的例子可包括顾客调查、对交付产品或服务的顾客反馈、与顾客会晤、市场份额分析、表扬、索赔和经销商报告。

2. 理解要点

(1) 顾客满意。组织应监视顾客有关组织是否已满足其要求的感受信息，并规定方法获取和利用。评价这种信息，以持续改进质量管理体系，增强顾客满意。追求顾客满意是组织建立实施质量管理体系的目标，通过对顾客满意信息的监视，来评价所建立的质量管理体系的有效性和识别可改进的机会。

(2) 顾客满意度信息的内容包括：

1) 产品质量要求的信息，顾客对产品质量的预期满意的要求包括性能特点、主要功能、外观、款式、可靠性等。

2) 产品交付预期满意要求的信息，包括产品交付的价格、时间和交付方式等。

3) 产品交付后，预期满意的售后服务要求的信息。

4) 市场可能变化导致满意的要求发生变化的信息，包括上述三方面的信息变化。

(3) 组织应通过有效的方式收集顾客的信息，以利于全面、正确反映顾客对组织提供的产品综合感受。信息收集方法可以是：

1) 顾客的抱怨（包括投诉和意见）。

2) 与顾客沟通，如走访、调研（包括电话、传真、电子邮件、面谈、书面问卷调查等）。

3) 市场调研，包括从各类媒体、顾客中收集市场信息。

4) 各级消费者协会的信息和投诉。

5) 相关的行业组织等机构的信息。

(4) 顾客满意度的评价方法通常有组织对顾客沟通、走访、调研的评价或第三方市场调查机构的调查报告。

由第三方机构或组织委托第三方机构的调查做出的报告，可直接评价顾客的满意度，能避免组织的主观评价因素，大型组织最好采用该方法。如果组织自行组织对顾客满意度的评价，原则上都采用抽样调查方法，应设计向顾客调查的表格，确定调查的项目，设计顾客调查表时应便于实际操作。

(5) 组织在设计顾客满意测量方案时，规定评价顾客满意度的等级（如很满意、满意、基本满意、不满意、很不满意），每一等级定分数范围。这个对应关系传递给顾客，只请顾客打分，收回调查表后，再由责任部门对照评定满意度，以确保获取顾客真实的感受信息。

组织通过收集到的信息评价、分析、发现组织质量管理体系目前运行状况、在市场竞争中的地位、与顾客期望的差距、最终组织应做出改进的决策。

三十一、分析与评价

1. 标准原文

9.1.3　分析与评价

组织应分析和评价通过监视和测量获得的适当数据和信息。

分析结果应用于评价下列内容：

a）产品和服务的符合性；

b）顾客满意程度；

c）质量管理体系的绩效和有效性；

d）策划是否有效实施；

e）针对风险和机遇所采取措施的有效性；

f）外部供方的绩效；

g）质量管理体系改进的需求。

注：数据分析方法可包括统计技术。

2. 理解要点

为了证实质量管理体系的适宜性、有效性和用来评价在哪些环节可持续改进质量管理体系的有效性，组织应确定收集和分析适当的数据。

（1）数据的确定和收集。组织通常在文件中规定它所需收集的数据的种类、内容、收集的频次、渠道收集人/部门的职责等。

数据通常有以下类别：

1）产品和服务的质量数据。如生产过程检验合格率、最终检验合格率、市场开箱合格率、服务合格率、返修率、不合格处置等。

2）与顾客有关的数据。如顾客对产品的要求、产品价格、交货期准确率、供货合同中数据、合同评审和合同完成有关数据、顾客抱怨甚至投诉及其处理、顾客满意度、售后服务等。

3）生产计划及完成数据。如年度、月度生产计划及完成数据等资料。

4）供应商评审、控制及采购数据。如选择评价、重新评价供方的数据、认定供方时间、供应供货月度合格率、供方履约率、合格供应商年度更新率和更新原因各个供方的产品检验合格率。

5）过程控制、过程监视和测量数据。如过程控制数据、过程监视和测量数据、过程不合格、服务提供准确率和准时率等。

6）管理评审和质量管理体系审核数据。如质量管理体系内部审核资料、质量管理体系第三方审核资料、资料、审核评审资料等。

7）针对风险机遇所采取措施的有效性。如纠正和预防措施的数量和执行情况、有效性、持续改进措施的执行情况及有效性等。

（2）数据分析。组织利用适用的统计技术或其他适用的方法，对收集到的可用数据进行分析，提供以下四个方面的信息：

1）顾客满意的信息可包括：

a）顾客对产品质量预期满意的要求。

b）顾客对交付预期满意的要求。

c）顾客对售后服务预期满意的要求。

d）市场变化导致顾客预期满意的要求发生变化的信息。

对这些数据分析方法通常是调查表和分层法。组织设计专用的调查表，设置需调查的相应项目和数据，利用分层法对数据进行归类、整理和汇总。分层法还可以同其他的统计方法结合使用，如分层排列图法、分层散布图法等。

2）与产品、服务要求的符合性。

3）过程和产品、服务的特性及趋势，包括采取预防措施的机会。

组织首先确定使用哪些数据，它们可能是生产和服务提供的数据（包括过程控制参数的数据、标识和可追溯性、产品防护、监视和测量装置控制的数据）、产品、服务的检验和试验数据、不合格品控制的数据、顾客投诉的数据、过程的监视和测量数据等。

其后，组织有关部门针对不同的数据分析目的，设计不同的数据分析表格，提供和利用不同的信息类别。数据分析方法主要有下述类别：如运用产品抽样检验方法判定某产品是否合格；利用 X-Y 曲线表明产品不良率指标的变化态势曲线，X 轴表示时间段，Y 轴表示产品质量指标；采用排列图方法；采用因果分析图方法；变化态势曲线，往往提供组织采取预防措施的机会。

4）供方的数据包括如下方面：选择、评价和重新评价供方的数据、采购合同及完成情况数据、采购验证（包括检验）数据等。

组织根据上述数据，即可评价和重新评价供方，以确定其能否作为组织的合格供方，或是否将其淘汰出合格供方，也可以分析供方供货产品的质量状况，分析供方供货产品的质量变化趋势。

数据分析通常采用质量管理的**七种工具**进行，七种工具是调查表、数据分层法、排列图、因果分析图、直方图、控制图、散布图。

三十二、内部审核

1. 标准原文

9.2 内部审核

9.2.1 组织应按照策划的时间间隔进行内部审核，以提供有关质量管理体系的下列信息：

a）是否符合：

1）组织自身的质量管理体系要求；

2）本标准的要求。

b）是否得到有效的实施和保持。

9.2.2 组织应：

a）依据有关过程的重要性、对组织产生影响的变化和以往的审核结果，策划、制定、实施和保持审核方案，审核方案包括频次、方法、职责、策划要求和报告；

b）规定每次审核的审核准则和范围；

c）选择审核员并实施审核，以确保审核过程客观公正；

2. 理解要点

质量体系内部审核是指为获取证据并对其进行客观评价，以确定满足审核准则的程度所进行的系统的、独立的并形成文件的过程。目的是检查质量管理体系的实施效果是否达到规定的要求，及时发现存在问题并采取纠正措施，使质量体系持续有效运行。

组织通常可制定并实施定期进行内部审核的程序，并基于拟审核的活动和区域的状况和重要程度以及以往审核的结果，进行审核方案的策划，包括：

（1）审核计划，规定审核频次，依据目的、范围等。

（2）审核人员应是从事受审核活动经过培训合格的人员，审核人员不应审核自己的工作，以保证审核结果的客观性、公正性。

（3）审核实施，包括现场审核、记录审核结果和编写审核报告。

（4）向管理者报告审核结果。

（5）对审核中发现问题所采取的纠正措施。

（6）跟踪措施，包括纠正措施的实施及验证结果报告。

三十三、管理评审

1. 标准原文

9.3 管理评审

9.3.1 总则

最高管理者应按照策划的时间间隔对组织的质量管理体系进行评审，以确保其持续的适宜性、充分性和有效性，并与组织的战略方向保持一致。

9.3.2 管理评审输入

策划和实施管理评审时应考虑下列内容：

a) 以往管理评审所采取措施的情况。

b) 与质量管理体系相关的内外部因素的变化。

c) 下列有关质量管理体系绩效和有效性的信息，包括其趋势：

　1）顾客满意和有关相关方的反馈；

　2）质量目标的实现程度；

　3）过程绩效以及产品和服务的合格情况；

　4）不合格及纠正措施；

　5）监视和测量结果；

　6）审核结果；

> 7）外部供方的绩效。
>
> d）资源的充分性。
>
> e）应对风险和机遇所采取措施的有效性（见 6.1）。
>
> f）改进的机会。
>
> **9.3.3　管理评审输出**
>
> 管理评审的输出应包括与下列事项相关的决定和措施：
>
> a）改进的机会；
>
> b）质量管理体系所需的变更；
>
> c）资源需求。
>
> 组织应保留成文信息，作为管理评审结果的证据。

2．理解要点

（1）管理评审是最高管理者的重要职责之一，通过管理评审，最高管理者判断组织质量管理体系是适宜、充分和有效，顾客是否满意，是否需要改进/变更。

管理评审的目的是：

1）确保质量管理体系具备持续适应内外环境变化的能力。

2）质量管理体系及其过程具备持续满足产品、服务要求的能力。

3）质量管理体系具备持续实现质量目标的能力。

（2）这三方面的目的与管理评审输出的内容是相一致的。为保证管理评审目的的实现。管理评审输入信息应全面而充实，主要有：

1）应对风险和机遇所采取措施的有效性。

2）质量管理体系绩效和有效性的信息。

3）资源的充分性。

4）上一次管理评审提出问题的整改情况。

5）质量管理体系相关的内外部因素的变化。

6）各种渠道收集的改进建议等。

为了提高管理评审的效率，管理评审输入的信息应经过职能相关人员分析、处理，有明确结论或建议，形成文字材料。

组织对管理评审的时间间隔应该有一个极限值的规定，一般来说，最长间隔不超过12个月。

管理评审分集中型和专题型两种方式。集中型管理评审即组织在同一时间内将标准要求的 7 项管理评审输入进行评审；而专题型评审则是组织针对标准要求的某项或若干管理评审输入进行评审。值得注意的是，无论采用哪一种方式进行管理评审，在一个时间间隔，管理评审输入包括的信息都必须评审过一次。

（3）管理评审的输出应包括有关识别改进机遇（条款 10.1）的决策和措施，确定质量管理体系需要的变更（条款 6.3），以及确定是否需要其他资源（条款 7.1）。为确保及时采取措施，组织可持续监控和评审这些措施。

组织应保留形成文件的信息，以作为管理评审结果的证据。

三十四、改进

1. 标准原文

10 改进

10.1 总则

组织应确定和选择改进机会，并采取必要措施，以满足顾客要求和增强顾客满意。这应包括：

a）改进产品和服务，以满足要求并应对未来的需求和期望；

b）纠正、预防或减少不利影响；

c）改进质量管理体系的绩效和有效性。

注：改进的例子可包括纠正、纠正措施、持续改进、突变性变革、创新和重组。

2. 理解要点

（1）改进是增强满足要求的能力的循环活动。改进要求组织不断确定和选择要求改进的机会。

（2）改进主要包括以下三大方面：

1）改进产品和服务。在满足现有要求的同时，又要预见性地应对未来的需求和期望。

2）纠正、预防或减少不利影响，如对发生的不符合采取相应的整改手段。

3）改进质量管理体系的绩效和有效性，如提升关键部件生产的一次合格率、降低交付延误次数等。

三十五、不合格和纠正措施

1. 标准原文

10.2 不合格和纠正措施

10.2.1 若出现不合格，包括抱怨所引起的不合格，组织应：

a）适用时，对不合格作出下列应对：

1）采取措施予以控制和纠正；

2）处置产生的后果。

b）通过下列活动，评价是否需要采取措施，以消除产生不合格的原因，避免其再次发生或者在其他场合发生：

1）评审和分析不合格；

2）确定不合格的原因；

3）确定是否存在或可能发生类似的不合格。

c）实施所需的措施。

  2. 理解要点

（1）"不合格"是未满足要求。未满足质量管理体系要求通常称之为"不合格项"；未满足产品和服务要求通常称之为"不合格产品和服务"。不合格产品和服务的控制、纠正和处置参见 8.7 条款不合格输出的控制。

（2）不合格的来源主要包括：

  1）顾客投诉；

  2）相关方的抱怨、整改通知；

  3）监视和测量的结果；

  4）内部和外部审核发现；

  5）员工日常发现的问题；

  6）外部供方的问题；

  7）保修、索赔。

（3）组织对发生的不合格，应及时采取可行的必要措施进行处置。如对不合格品进行返工、返修、降级、退货等；对不合格服务，应立刻停止不合格服务，重新提供服务；对正在发生的不合格操作及时予以纠正等。对已造成后果的不合格，组织应出台措施予以处置，如道歉、赔偿等。

（4）纠正措施的定义是"为消除已发现的不合格或其他不期望情况的原因所采取的措施"。组织应针对已出现的不合格，分析造成的原因，采取适当措施，防止不合格再次发生。通常情况下组织会编制一个文件作出规定。

纠正措施的文件应规定以下方面的内容：

  1）评审不合格包括：① 不合格品的评审（包括顾客对不合格品的投诉）；② 不合格过程的评审（包括顾客对不合格过程，如交付、售后服务投诉）；③ 不合格体系的评审，体系的不合格一般在内部或外部的质量体系审核时，由审核员根据要求作出规定，并经审核组长评审确认。

  2）分析、确定不合格的原因。不合格经评审确定后，不合格原因由组织的相关职能部门确定，可应用数据分析工具进行分析、确定，并做好相应的记录。

不合格品原因，由设计、制造、贮存还是搬运原因导致，还是由于原材料、元器件的错判、漏检等因素造成，或由于相关人员的操作不良等造成。查明不合格原因，作为评价是否需确保不合格不再发生的纠正措施的依据之一。

过程的不合格原因是多方面的，如可能是对过程运作制定的规则本身不合适；可能是过程的输入无法满足要求，导致输出也无法满足要求；也可能是过程所使用的设备、工具、操作人员、环境不适当等，使输出无法满足要求。

质量管理体系不合格的原因可能是下列一类或几类：

a) 过程未被识别或未适当规定。

b) 职责和权限未分配或分配不清。

c) 过程或程序不符合 ISO 9001 标准、合同、法律法规要求。

d) 程序未得到实施和保持。

e) 在实现所要求的结果方面，过程无效或效率低。

3) 评价确保不合格不再发生的措施的需求。不合格经评审并确定不合格原因后，是否采取必要的纠正措施，需要评价确保不合格不再发生的纠正措施的需求。纠正措施应与所遇到的不合格的影响程度相适应，也即是否采取纠正措施或采取什么样的纠正措施，应首先评价纠正措施的需求。并不是一有不合格，就必须采取纠正措施的。如果不合格的影响程度不大，能通过简单方法就能纠正不合格，而采取纠正措施的代价又很高时，就不一定采取纠正措施。对纠正措施需求的评价由规定的职能部门进行，评价内容包括权衡不合格影响程度、组织/顾客/供方承担的风险、各方的利益，拟采取的纠正措施的方案、预期成本和效果等。评价应予以记录。

4) 确定并实施纠正措施。如确定有采取纠正措施的需求，则确定并实施纠正措施，并予以记录。一个不合格可能会有若干个原因，故为消除一个不合格的原因，可能会确定和实施若干个纠正措施。

5) 记录所采取措施的后果。纠正措施实施后产生的结果，应由实施部门予以记录。

6) 评审所采取的纠正措施。实施纠正措施并产生相应的结果后，应由评审需求和确定纠正措施的职能部门组织实施部门评审所采取的纠正措施，以确认纠正措施的有效性。如果评审时认为所采取的纠正措施未达到预期的目标，则应重新考虑评审需求、确定和实施新的纠正措施等，并予以记录。

三十六、持续改进

1. 标准原文

10.3 持续改进

组织应持续改进质量管理体系的适宜性、充分性和有效性。

组织应考虑分析和评价结果，以及管理评审的输出，确定是否存在持续改进的需求或机会。

2. 理解要点

(1) 持续改进的对象是质量管理体系的适宜性、充分性和有效性。

(2) 组织在考虑持续改进的信息输入时，应考虑条款 9.1.3 中的所有分析和评价的输出以及 9.3.3 管理评审的输出，以便充分识别改进的机会和质量管理体系的改进区域，确定具体的改进措施并有效实施。

（3）组织在实施改进时，应重视识别和使用适宜的改进方法和工具，常用工具有8D、FMEA、标杆管理等。

第四章

ISO 9001 质量管理体系的建立

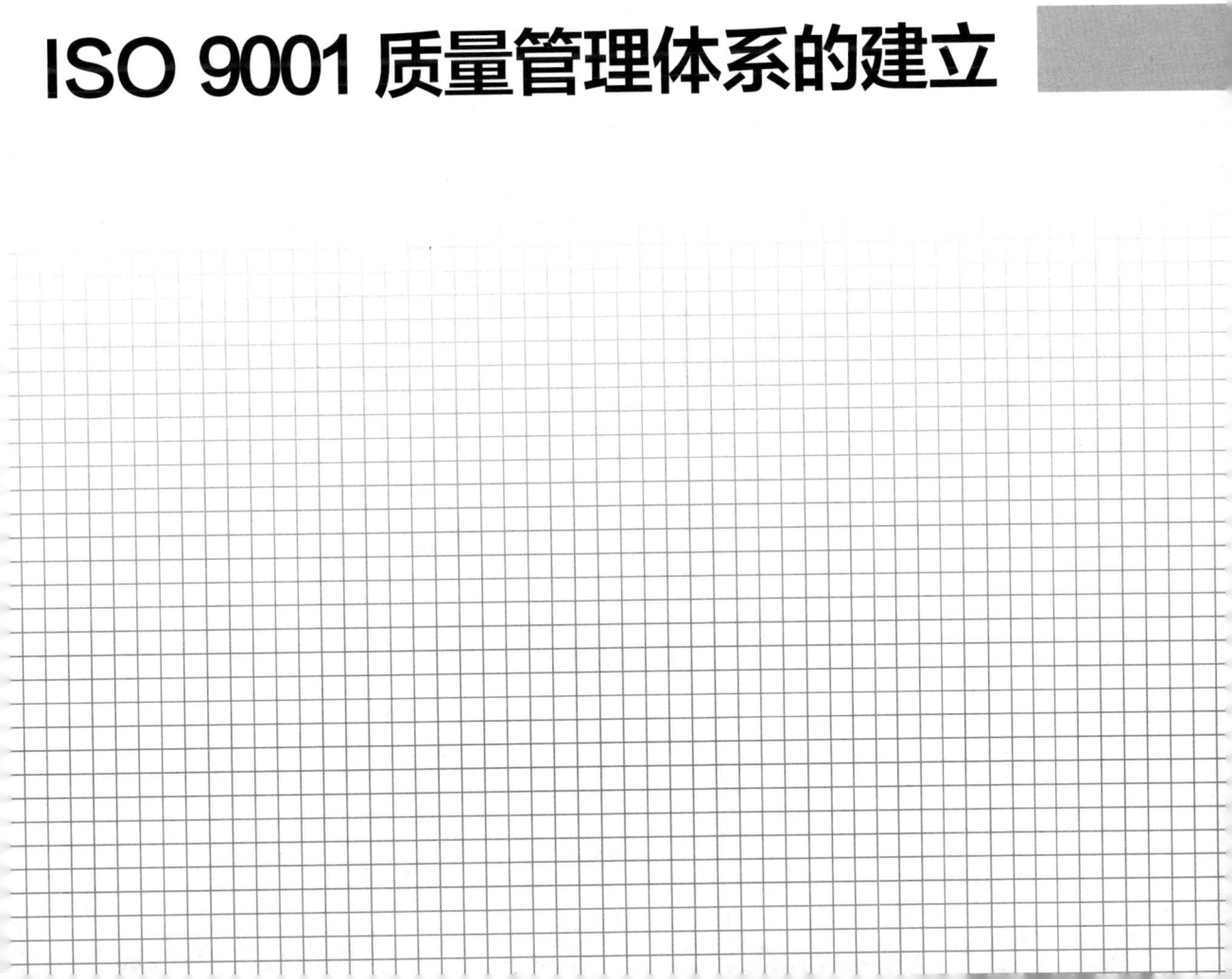

2015 版 ISO 9000 族标准于 2015 年 09 月 15 日发布后，我国各类组织开始积极着手学习应用新标准。

2008 版 ISO 9000 族标准在中国有广泛的顾客，这些顾客均面临着如何向 2015 版 ISO 9000 族标准转换过渡的问题。早在 2015 年 01 月，ISO 和 IAF 发布联合公报，公报通过 ISO 9001：2015 标准过渡计划。对如何实现向新标准顺利过渡做出了安排。公报规定：ISO 9001：2015 标准发布 3 年后，所有 ISO 9001：2008 认证证书均失效。也就是说，最迟在 2018 年 09 月 14 日前，所有认证组织均须获得 2015 版 ISO 9001 证书。

同时，中国的许多组织尚未贯标，它们正准备在今后开始导入 ISO 9001：2015 标准，严格按标准要求建立科学、有效的质量管理体系，无论是向 ISO 9001：2015 标准转换的组织，还是新导入 ISO 9001：2015 标准的组织，它们均需要学习、理解 2015 版 ISO 9000 族标准知识的基础上，建立符合 ISO 9001：2015 标准、满足组织的实际运作需要的质量管理体系。质量管理体系应形成文件并加以实施和保持，持续改进其有效性，以实现组织的质量管理的正规化、法制化、理性化。

第一节　质量管理体系的建立

一、已贯标组织的质量管理体系向 2015 版转换

从对 ISO 9001 修订前后的差异分析中可以看出，2015 版标准与 2008 版相比发生很大变化，约有 1/2 的条款都有程度不同的修订工作。但是，我们不能认为要使一个组织的质量管理体系从 2008 版转换至完全符合 2015 版 ISO 9001 标准是轻而易举的。转换工作的难易程度在不同组织将会出现较大的差异。一些组织，他们长期实施目标管理并已建立了质量信息系统，进行着有效的内部沟通，并已建立市场研究程序，动态调查分析顾客需求和期望，并定期开展顾客满意度调查，养成了持续改进的习惯。对于这些组织实现换版难度较小。对于那些原来局限于勉强符合 2008 版标准条文，职工尤其是管理人员流动性大，管理基础薄弱的组织要向新标准转换就显得难度大一些。

无论转换难度大，还是难度小，它们的质量管理体系转换工作一般都需要经历以下环节：

1. 组织标准培训

开展新标准的分层培训，为保证组织中与质量管理体系有关人员正确理解标准要求，必须开展相应的标准培训。对各层次人员的培训要点不尽相同。

（1）高层管理者培训的重点是：

1）七项质量管理原则。

2）ISO 9000 族标准结构特点。

3）ISO 9001 新老版本内容的主要差异。

4）向 2015 版转换策划的要点、新版 ISO 9001 标准中对最高管理者的要求。

（2）组织骨干、内审员和管理人员的培训重点是：

1）七项质量管理原则。

2）ISO 9000/9001 标准，着重介绍 ISO 9001 标准条款理解。

3）新老版本 ISO 9001 的差异和不适用说明。

4）组织向 2015 版标准转换的工作思路。

5）ISO 19011 质量和环境审核指南。

新标准的培训方式可以是灵活多样的，可以是外请老师上课，也可以是座谈交流，还可以是自学或以上几种方式的组合，具体方法由组织根据实际情况决定。

2. 设立工作机构

建立 2015 版转换工作办公室，该办公室是一个临时性的工作机构，它的工作人员可由各部门抽调组成，部门的常设工作场所一般在原质量管理体系的管理部门，该办公室的主要工作职能有：

（1）分析本组织是否需要删减范围。

（2）按新标准要求分析本组织现行体系的差距。

（3）负责体系文件修改补充计划的组织协调工作。

（4）需要时聘请可信任的咨询人员。

3. 策划体系文件

制订体系文件修订计划，工作由办公室全体成员通过分析现状与新标准的差距，必要时，听取咨询人员的建议，共同制订体系文件修订计划。计划从以下两方面考虑：

（1）决定文件结构和文件标识方法。新标准对文件结构未做规定，如果现行体系文件结构可行，那就可保持已经习惯的文件结构，对文件的标识方法一般也不做大的调整。

新标准没有强制要求提供质量手册，实际工作中有必要编写，为了向 2015 版转换，势必要对现行 2008 版手册修改补充后进行换版。

新标准对手册的结构未做规定，但 2015 版 ISO 9001 标准是按过程模式编写的，其科学性、条理性、系统性好，所以建议在此手册换版之时，按组织的过程或新标准的顺序来编写手册。

在手册中，说明对 ISO 9001：2015 某些条文不适用的理由，并应阐明组织质量管理体系的主要工作流程。对主要工作流程间的相互关系进行描述，手册应说明引用的程序工作，也可以将程序文件直接包含在手册中。

（2）程序文件作业文件的修改和补充。ISO 9001：2015 标准要求建立文件化程序，所有活动是否需要书面程序均由组织自定，但新标准要求在无程序文件情况下组织应能证实标准要求的过程（活动）已有效运行并得到控制。根据这一要求，不同组织的程序文件的数量差别会很大。由于新标准增加的内容的需要，组织会新编一些程序文件或对老程序文件进行调整，同时完成可能引起作业文件的修改或增加以上文件的修订、增加包括记录表的变化和增加。

4. 修订体系文件

一般情况下，按照谁主管谁起草的分工原则，组织起草人员学习文件编写要求并实施编写。编写中应相互沟通，管理者代表和转换工作办公室负责人应加强指导和协调。修改补充的文件在送审前，可请转换工作办公室全体成员组织相关部门采取会议讨论、会签等方式进行文件间的接口协调工作，力求文件的可操作性。所有修改或补充的文件均需执行文件和资料控制程序文件的规定。

5. 文件培训

新质量管理体系文件发布后，组织的 2015 版转换工作办公室应立即组织体系文件的培训，培训对象为全体与质量有关的人员，但重点是中层管理人员和操作人员。对他们培训的内容重点放在向 2015 版转换的意义，新标准和质量管理体系文件对其岗位提出的要求是什么。最高管理层也需要接受文件培训，一般可采用自学或研讨会的形式进行。

6. 体系运行

各部门严格贯彻质量管理体系文件"怎么写就怎么做"的规定，当发现文件有错或执行有困难时，应立即向主管部门反映，主管部门负责调查清楚后按规定修改文件。

对于 2015 版的活动，如顾客满意度调查、信息系统，不可能逐一增设专职岗位或部门。建议建立一些由相关部门派员组成的跨部门工作小组并加强对他们的领导，有可能在不增或少增人的情况下更有效地完成新增加的活动。

7. 内部审核的实施

所有内审员必须通过培训，要求全面掌握新标准的要求，正确把握新标准的技能和技巧，在申请 ISO 9001：2015 标准认证前，必须对质量管理体系涉及的全部内容至少进行过一次内审。

8. 管理评审和换版认证准备

根据文件的规定，组织的最高管理者主持进行新标准导入后的第一次管理评审，通过管理评审，判断管理体系是否具备持续的适宜性、充分性和有效性。针对管理评审中发现的问题进行及时、有效的整改，当组织通过综合判断，决定申请换认证时，管理者代表可与认证公司联络，洽谈 ISO 9001：2015 认证事宜。

二、未贯标组织按 ISO 9001：2015 要求建立质量管理体系

许多组织以前没有按照 2008 版 ISO 9000 族标准建立质量管理体系，在贯标方面经验欠缺，基础相对薄弱，而如今组织决定导入 ISO 9001：2015 标准建立质量管理体系，那么该组织一般需经历以下步骤：

1. 管理层统一思想，做出决策

贯彻 ISO 9000 族标准，建立质量管理体系是属于一个组织的高层管理活动，它对组织的生存和发展具有深远的影响。在对贯标的必要性和重要性方面各抒己见的基础上统一认识，提出初步方案，由组织最高管理者做出决策。这样做将有利于发动管理层的积极参加和相互配合，这也是贯标顺利进行的重要保证。

2. 组织领导班子和工作班子

领导班子是贯标和协调机构，通常由组织最高管理者为首的决策层，以及与质量有关的部门负责人参加。该机构的主要职能是对贯标出现的重大问题进行协调和仲裁。

工作班子通常选择既懂专业技术，又懂质量管理，并有文字能力的人员。工作班子成员来自各相关职能部门，他们既是各部门派出的联络员，也可能是其后培训内部审核员的对象。

3. 确立贯标目标和总体方案

在贯标工作正式开展之前，决策层应就以下贯标目标和总体方案做出决定：贯标和申请认证的范围。包括贯标范围是组织的全部还是局部；申请认证的产品是组织的全部产品还是部分产品，本组织预期何时通过第三方认证，是否聘请咨询师指导。

4. 宣传培训

通过宣传教育把决策层的贯标意图传达下去，并且在组织内形成气氛和声势，以期得到全体人员的重视和配合。

培训的对象主要是组织领导层和管理层。培训内容重点是标准的由来、质量管理原则和基本概念、标准简介以及本组织贯标的目标和初步打算等。

5. 制订体系建立工作计划

工作班子根据决策层确定的贯标目标和总体方案，制订建立质量管理体系工作计划。此计划按实施的先后顺序，列出宣传培训、体系调查、过程分析、方针目标制订、职能分配、文件编制、内部审核、管理评审、认证准备等方面的具体工作活动，规定每项活动的责任分工和完成期限，确保全部贯标工作的有序进行。该计划可在实际执行过程中做出适当调整。

6. 调查分析阶段

对组织现状进行充分的调查分析以建立一个具有本组织特色、有效性强和效率高的质量管理体系。

（1）收集资料。为了借鉴国外的成功经验并符合有关法律法规和相关标准，应尽可能多地收集有关资料，这些资料主要是有关法律、法令、规则、规定和标准的国内外各机构和上级主管部门发布的本行业有关质量体系的指导性文件。

（2）调查现有文件和执行情况。对本组织现有的相关规章制度进行收集，逐个调查其执行情况和适合性，以便把既符合体系标准，又适合组织操作的部分纳入质量管理体系文件。

（3）组织质量管理现状的调查。组织只有了解自己现在所处的位置，才能做出切合实际的体系策划和安排。需要调查和分析的内容有：

1）产品/服务的模式。向顾客提供的实物或服务的类型、范围和定义，各类产品的供应链。

2）组织结构指现有机构的设置和各部门的职责分工及相互关系等。

3）组织的资源指人员素质和分布、生产设施和工作环境的现状和需求。

4）分析各法律法规对体系的要求。

5）组织当前的主要问题，包括产品、过程、资源、理念、组织结构、外部环境等方面的主要缺陷和薄弱环节。

（4）产品实现过程的调查分析。

调查分析的正确性和系统性将是所建立的质量管理体是否适合组织实际情况，是否科学和合理，是否有效性强和效率高的决定性因素。

产品实现过程的分析方法一般在组织的高层专业技术人员参与下，首先列出产品实现的主要工作过程和工艺流程，分析和识别关键（特殊）过程和分过程，排列各过程的先后或平行顺序，以及过程与过程之间的接口关系。综合分析产品实现过程的科学性、合理性、可操作性、有效性和效率。在调查分析的同时，努力去发现哪些过程具有改进的机会。

7. 确定组织质量方针和质量目标

在最高管理理者的主持下，发动各部门献计献策，让员工们来提方针目标，经汇总后供决策层参考，最后经最高管理者审批确定。

8. 分析和确定体系架构

通过调查分析，根据组织的规模、产品种类，确定质量管理体系的结构。中小型规模、产品品种单一的企业，一般采用单一的体系组织，实际集中管理。大型和多产品的企业往往采用多元的体系组织机构，实行分散管理。体系的具体表现形式是文件，确定体系架构的同时应确定质量管理体系文件的清单，识别各文件所含的主要内容。

9. 质量职能分配

确定组织机构之后，在最高管理者主持下将 ISO 9001：2015 标准的各条款所规定的质量活动（除合理不适用的条款外）逐一地分配到各管理者和职能部门。

质量管理职能的分配可采用表 4-1 的形式进行描述。

表 4-1　　　　　　　　　　　　　质量管理职能分配表

质量管理体系要求 职能分配 领导及职能部门		总经理	管理者代表	副总经理1	副总经理2	供销部	生产部	质保部	行政部	车间	仓库
组织环境	4.1 理解组织及其环境	▲	△	△	△	△	△	△	△	△	△
	4.2 理解相关方的需求和期望		▲	△	△						
	4.3 确定质量管理体系的范围		▲	△	△						
	4.4 质量管理体系及其过程	△	▲	△	△			△	△		△
领导	5.1 领导作用和承诺	▲									
	5.2 方针	▲									
	5.3 组织的岗位、职责和权限	▲	△						△		
策划	6.1 应对风险和机遇的措施		▲					△			
	6.2 质量目标及其实现的策划		▲					△	△		
	6.3 变更的策划		▲						△	△	

质量管理体系要求 职能分配 领导及职能部门			总经理	管理者代表	副总经理1	副总经理2	供销部	生产部	质保部	行政部	车间	仓库
支持	7.1 资源	7.1.1 总则	▲	△								
		7.1.2 人员	△	△	△	△	△	△	△	▲	△	△
		7.1.3 基础设施	△	△	△			▲	▲		△	△
		7.1.4 过程运行环境						▲			△	
		7.1.5 监视和测量资源						△	▲		△	
		7.1.6 组织的知识				△		△		▲		
	7.2 能力		△	△	△	△	△	△	△	▲		
	7.3 意识		△	△	△	△	△	△	△	▲		
	7.4 沟通		△	△	△	△	△	▲	△	▲		
	7.5 形成文件的信息			△			△		△	▲		△
运行	8.1 运行策划和控制		△	▲	△	△	△	△	△	△		
	8.2 产品和服务的要求		△			△	▲	△				
	8.3 产品和服务的设计和开发				△	△	△	▲			△	
	8.4 外部提供过程、产品和服务的控制		△		△		▲	△	△			△
	8.5 生产和服务提供				△		△	▲	△			
	8.6 产品和服务的放行							△	▲			
	8.7 不合格输出的控制							△	▲		△	△
绩效评价	9.1 监视、测量、分析和评价							▲	△	▲	△	
	9.2 内部审核		△	▲	△	△	△	△	△	△	△	△
	9.3 管理评审		▲									
改进	10.1 总则		△	▲	△	△	△	△	△	△		△
	10.2 不合格和纠正措施			△			△	△	▲	▲		
	10.3 持续改进		△	▲	△	△	△	△	△	△		
备注		▲—主要执行部门；△—配合执行部门										

10. 制订文件编制计划

根据体系分析策划的结果，及时组织文件编写小组，确定每个文件的起草人、审核和批准责任者，规定各文件的初稿、修改稿和报批稿的完成期限，以及全套体系文件最迟发布日期。

11. 文件编写培训

对文件编写小组成员进行文件编写培训，使各编写人员明确各文件包含的内容、不同文件间的接口如何处理，以保证文件的格式、体制的标识的统一性，确保体系文件的内容正确全面。

12. 文件编制

根据文件编制计划的安排，编写小组成员认真开展文件编写、修改和审批工作。质量管理体系文件具体编写方法技巧在下一节中详细介绍。

13. 体系文件培训及运行准备

质量管理体系文件批准之后，许多组织不急于实施，目的是为充分实施的标准做准备工作。实施的准备工作有以下内容：

（1）实施文件培训，编写人员只是组织的小部分工作人员，许多人只对体系文件规定不满，为此，组织专门的不同层次的文件培训，以保证各岗位人员均明白体系文件对其的要求。

（2）根据当时的现状和文件的要求，配置必要的人力资源，生产/服务设施和工作场所。

（3）按本组织确保运行的控制的需要，修改、补充适应过程复杂程度和人员能力的作业指导文件、相关技术规程和准则，并正式发布。运行过程所必需的印章、表卡、标签（牌）、单据、凭证等应在运行前制作备用。

14. 体系运行阶段

体系文件正式实施，标志着质量管理体系进入了运行阶段。在体系运行阶段，组织应重视以下方面工作：

（1）对人力资源应有计划地进行管理，从各岗位所需能力的识别至人员的招聘与选择、调配安排、绩效评价、培训教育、激动机制等方面进行系统的管理。员工队伍的素质，在很大程度上决定质量管理体系的运行质量。

（2）要使全体员工做到自觉执行体系文件的规定。为让员工养成这一良好的工作习惯，组织应考虑下述活动：

1）开展方针目标、质量意识、使顾客满意、遵纪守法、职业道德、企业文化等方面的宣传教育。

2）进行岗位培训，内容包括岗位责任、为符合岗位能力要求的课目和岗位重要性。

3）管理者以身作则，带头执行体系文件，倾听下属员工意见，帮助解决执行中存在的问题。

4）及时总结执行体系文件中的经验教训，表彰先进，纠正偏正，克服错误的习惯做法。

（3）做好组织协调工作。质量管理体系也需依靠有效的组织协调功能来推动各相关部门按体系所要求的活动内容、分工、时间、顺序、目标和接口关系，有序地运行。

当体系运行过程发生问题时，如果没有组织和协调工作，不能及时下达工作指令采取纠正或应急措施，质量管理体系的正常运行将因而受阻，甚至导致重大损失。

组织协调的方式方法一般采用召开协调会议、授权者下达工作指令、调整目标的计划、修改或补充体系程序等方式。

15. 质量管理体系内部审核

在体系正式实施后，组织应选择人员参加内审员的培训，为以后开展质量管理体系内部审核做好人力准备。

根据体系文件的规定，组织及时开展内部审核，对体系运行中存在的问题采取纠正或预防措施，实现质量管理体系的持续改进。

16. 管理评审和认证准备

根据文件的规定，组织的最高管理者主持进行新标准导入后的第一次管理评审，通过管理评审，判断质量管理体系是否具备持续的适宜性、充分性、有效性。针对管理评审发现的问题进行及时有效的整改。当组织通过综合判断，决定申请换版认证时，管理者代表可与认证公司联络，洽谈 ISO 9001：2015 认证事宜。

表 4-2、表 4-3 给出某组织体系建立和文件编制的计划，以供读者参考。

表 4-2　　　　　　ISO 9000 质量管理体系推行工作总体计划的第一行修改

阶段	工作主题 时间（月）	2016/6	7	8	9	10	11	工作内容

表 4-3　　　　　　ISO 9001 质量管理体系文件编制计划

序号	文件编号	文件名称	对应标准条款	编制部门	编制人	审核	批准	进度	完成日期
一		一级文件							
1	QM01A-2016	质量手册		办公室				⨉	
二		二级文件							
1	DP01A-2016	文件控制程序	7.5	办公室				⨉	
2	DP02A-2016	质量记录控制程序	7.5	办公室				⨉	
3	DP03A-2016	管理评审程序	9.3	办公室				⨉	
4	DP04A-2016	资源管理程序	7.1	办公室				⨉	
5	DP05A-2016	产品和服务的要求控制程序	8.2	供销部				⨉	
6	DP06A-2016	设计与开发控制程序	8.3	技术部				⨉	
7	DP07A-2016	知识管理控制程序	7.1	办公室				⨉	
8	DP08A-2016	采购控制程序	8.4	供销部				⨉	
9	DP09A-2016	生产和服务的提供控制程序	8.5	生产部				⨉	
10	DP10A-2016	监视和测量设备控制程序	7.1	品质部				⨉	
11	DP11A-2016	顾客满意度调查控制程序	9.1	供销部				⨉	

序号	文件编号	文件名称	对应标准条款	编制部门	编制人	审核	批准	进度	完成日期
12	DP12A-2016	内部质量体系审核程序	9.2	办公室				╳	
13	DP13A-2016	产品的监视和测量控制程序	8.6	品质部				╳	
14	DP14A-2016	不合格控制程序	8.7、10.2	品质部				╳	
15	DP15A-2016	纠正措施和预防措施控制程序	10.2	办公室				╳	
三		三级文件						╳	
1	技术工艺文件							╳	
(1)	ST101A-2016	技术工艺标准	8.1	技术部				╳	
(2)	ST102A-2016	面、辅料检验标准	8.1	技术部				╳	
(3)	ST103A-2016	在制品检验规程	8.1	技术部				╳	
(4)	ST104A-2016	衬衫半成品检验规程	8.1	技术部				╳	
(5)	ST105A-2016	衬衫成品检验规程	8.1	技术部				╳	
(6)	ST106A-2016	设备操作规程	8.5	技术部				╳	
2	管理制度								
(1)	ST201A-2016	设备管理制度	7.1	动力部				╳	
(2)	ST202A-2016	作业环境管理制度	7.1	生产部				╳	
(3)	ST203A-2016	标识和可追溯性管理制度	8.5	生部部				╳	
(4)	ST204A-2016	仓库管理制度	8.5	仓库				╳	

第二节　质量管理体系文件

通常情况下，ISO 9001 标准的质量管理体系是一个文件化的体系，文件在质量管理体系中的作用是巨大的。文件能够沟通意图，统一行动。文件的作用有利于实施持续改进，满足顾客要求，为事实提供客观证据，评价质量管理体系的有效性和持续适宜性。

一、文件的形成是一项增值活动

（1）编写文件应是一项增值活动。组织编写质量管理体系文件有两种情况：一是组织从未开展过的活动，按 ISO 9000 族标准要求或引入其他组织的类似活动经验而编写；二是组织已经开展过的活动，用文件将活动的要求、程序等记录下来，给予固定化，给以制度化。前者的"增值"是不言而喻的。组织新增一项质量管理活动，当然应当是"增值"的，除非组织的确不需要这项活动。后者的"增值"表现在两个方面：一是将开展过的活动制度化了，使今后同种活动有了可以借鉴的文件；二是在"制度化"过程中，应当适当提高质量要求，尽量减少失误。

（2）使用文件也是一项增值活动。使用文件的增值性体现在两个方面：一是初次使用；二是重复使用。初次使用文件，严格按文件的要求去进行相应的质量管理活动，不管该项活动过去是否开展过，都是"增值"的。体现了质量管理体系的正规化、法制化和文件化的要求，与没有文件相比，当然大大前进了一步，因而是"增值"的。在重复使用的过程中，文件在增值性主要体现在文件价值的各方面。

（3）修订文件是一项增值活动。文件规定是静态的，而组织内外环境需求变化是动态的，一段时间后，文件规定总有可能滞后于环境的变化，为此要进行文件的修订。文件的修订是一个持续改进的过程，因而是在老文件基础上的"增值"。

二、质量管理体系文件的类型

ISO 9000 标准一般有六种类型的质量管理体系文件。

（1）质量手册——反映组织在质量管理方面的观念和方针，向组织内部和外部提供关于质量管理体系的一致性信息的文件。

（2）质量计划——表述质量管理体系如何应用于特定产品、项目或合同的文件。

（3）规范——阐明要求的文件。

（4）指南——阐明推荐的方法或建议的文件。

（5）程序文件、作业指导书和图样——提供如何一致地完成活动和过程的信息的文件。

（6）记录——为完成的活动或达到的结果提供客观证据的文件。

三、质量管理体系文件详略程度的把握

很显然，质量管理体系文件的编写，应当从组织的实际情况出发，使其适于组织的需要，能够简化的就应尽量简化，能够略写的就不要详写。编写文件不是目的，而是为了指导工作，不同组织的质量管理体系文件的多少与详略程度取决于：

（1）组织的规模和活动的类型。

（2）过程及其相互作用的复杂程度。

（3）人员的能力。

（4）要与组织的规模和活动的类型相适应。组织规模大，管理层次多，质量管理体系文件就要求复杂一些、详细一些。特大型组织甚至还要分层次编制手册。相反，组织规模小，千万不要去照抄别人的质量管理体系文件。某一项工作，大型组织可能是几个部门分别负责，小型组织可能只是一个人负责。生产加工组织与服务组织的过程是不相同的，前者复杂得多，因而对文件的要求也高得多。即使同是生产加工组织，也有包含不包含设计之分，还有生产加工的产品复杂程度之别，以及产品质量控制要求之异，其文件也是不相同的。

（5）要与过程及其相互作用的复杂程度相适应。同一种质量工作、同一种过程，不同组织其复杂程度是不同的，这取决于组织的规模、管理层次和产品类型以及顾客的要求。在同一个组织里，不同的质量工作其复杂程度也是不同的，针对不同质量工作的程度文件也不能同样处理。在实际工作中，有的质量管理体系条款，如设计控制、生产过程控制等，往往需要多个文件来指导工作；而有的质量管理体系条款有一个文件，甚至只要一个很简单的文件就行了。

（6）要与人员的能力相适应。员工的素质不仅决定产品质量、工作质量的高低，也决定质量文件的范围和详略程度。一般来说，人员素质高，对该项质量工作的要求、程度、过程和技能掌握得较好，该项质量工作的程度文件就可以简略一些；反之，对于人员不熟悉的质量工作，则应规定得详细一些。

四、质量管理体系文件的编写

质量管理体系文件的编写是质量管理体系建立过程中一个重要环节和步骤，是在组织现状调查分析，确定质量管理体系架构后的细化工作阶段。

在文件编写之前，应准备理解和把握质量管理体系文件的基本性。

1. 唯一性

一个组织只能有唯一的质量管理体系文件系统，不允许一套对内、一套对外，在编写质量管理体系文件时要与以往的管理文件和技术文件很好地融合协调，成为统一的质量管理体系文件，防止出现"两张皮"或两种文件并存的现象。每一项活动只能有唯一的程序，不能有多重的、相互不一致的各种办法、制度或程序。此外，一项规定只能有唯一的理解，不应有歧义。这就要求文件用语应明确、具体，尽可能定量化，而不要用抽象的、概念化的和不确定的语言来表达。任何地方都不允许使用文件的无效版本，不允许对同一事项的相互矛盾的文件同时使用。

2. 法规性

质量管理体系文件是组织质量管理的法规，是严肃的指令性文件。这是因为：

（1）文件要经过一定的程序，由相关的管理者正式批准、发布、实施。

（2）文件一旦批准实施，就必须认真执行，不允许任何部门、任何人违反或不执行。

（3）文件若修改，只能按规定的程序进行，文件的复制也处于受控管制状态，如进行编号、登记等。

（4）文件作为评价实际工作效果的依据之一。

3. 可操作性

质量管理体系文件不是组织的摆设，是直接用于规范、指导质量管理活动的。所以，每一个质量管理体系文件都必须紧密结合本组织的实际，要有自己的特色。那种把别的组织的文件拿来抄抄改改，甚至全盘套用的做法是绝对不可取的。"抄"或"改"或套用的体系文件在执行中将无法执行操作或可操作性极差。要实现文件的可操作性，应注意以下几个环节：

（1）结合标准要求，根据组织及其产品的特点，识别与体系有关的过程及其控制要求。

（2）根据组织管理的要求和体系策划的结果，识别体系文件化需求，并开列文件编制计划。

（3）识别文件接口及各文件的主要内容。

（4）组织各责任部门参与体系文件的编制。

（5）组织体系文件的讨论和审定。

（6）进行体系试运行，通过实践的检验识别文件更改的需求。

（7）定期进行文件的评审，及时更新文件，以确保文件的持续适宜性。

（8）将纠正措施的实施结果适时文件化，以巩固体系改进的成果。

4. 系统协调性

组织的质量管理体系文件是一个系统，形成不同的层次，分布合理，相互协调，相互印证，文件各层次之间相互协调，不同层次的文件有不同文件的阐述重点，尽量避免重复。

质量管理体系文件编写首先应进行总体的策划安排，然后根据分展开实施。质量管理体系文件编写通常要经历以下步骤：

（1）总体设计。在调查分析的基础上，管理者代表和体系工作小组全体成员共同进行质量管理体系文件的总体设计。所谓总体设计，是指在编写文件之前就应确定所有（或大部分）质量文件目录的过程。文件总体设计首先应进行组织的实际情况，选择质量管理体系条款（即对 ISO 9001 的要求，说明不适用的条款）。质量管理体系条款确定以后，就可以设计质量手册的框架了，框架是指质量手册的章节目录。其后，确定程序文件目录及其涉及的主要内容，同时应列出与每一程序相关的作业文件的清单。

在设计程序文件目录时应防止以下两种倾向：

1）完全撇开组织已有的规章制度，重新建立涵盖全组织所有工作的程序，任何组织都已经有一套自己的管理制度，包括质量管理的制度。如果撇开它们另搞一套，很可能造成管理混乱，而且也会增加工作量。

2）追求程序文件的尽善尽美，设计庞大的程序文件目录。组织程序文件的多少并不能说明其质量管理状况，不少组织有上百个程序文件，但管理却依然混乱。对于小型组织来说，首次编写程序文件，不必搞得过多，程序文件在需要补充的时候，还可以补充。质量记录在总体设计时可以暂时不予考虑。质量计划是针对特定情况编写的，在总体设计时也可以暂时不考虑。总体设计的结果应当进行评审，广泛征求意见，进行反复修改使其趋于完善。

（2）组成文件编写小组。文件的编写工作量大、任务重、要求高，组织必须要求高度重视。编写小组的人员由各职能部门推荐或指定，要熟悉由其编写文件涉及的相关业务，并具有较强的文字能力，人员的多少可视质量文件编写的任务（多少）来确定。在文件编写期间，编写人员的主要工作应是文件的编写，该成员原承担的工作内容应另外做适当的安排。组织应给编写人员提供必要的资源。

（3）进行文件编写培训。对参与编写的人员，都应进行培训，培训可采用办班、学文件资料、讨论、示范、考察、练习等多种方式进行。培训的内容包括：

1）ISO 9001 标准中的要求逐条进行分析、理解和把握（不适用的要求可以除外），最好能结合组织的实际情况进行讲解。

2）文件目录涉及的每一文件的主要内容及其相应质量活动的工作流程和要求。

3）质量管理体系文件的语言文字要求。

4）质量管理体系文件的格式要求、编号办法等。

（4）制订编写计划。根据确定的质量文件目录和确定的编写人员，规定文件的完成时间，使整个编写工作能够有序地进行。

（5）编写文件初稿。编写人员应按编写计划写出文件初稿，在编写过程中要注意以下几点：

1）体系文件，特别是程序文件的编写必须认真慎重。编写人员不要急匆匆地赶任务，要对所涉及的部门、人员、活动（工作）进行调研，真正弄清楚现在的 5W1H、哪些地方需要改进、哪些地方需要强化或细化。

2）在实际编写中，很可能发现某些文件是不必要的，或某些文件可以合并、删减，编写人员及时向体系工作小组负责人或管理者代表反映，以便在调查研究的基础上及时修改。

（6）文件的编辑和统稿。为了提高质量文件的质量，以保证其格式、术语、接口关系以及内容符合要求，文件初稿可以先经过编辑和统稿。编辑和统稿的工作重点是：

1）文件繁简得当。

2）格式统一，术语统一。

3）用词确切，注意分寸，防止使用概念模糊、既不能定量又不能定性的词语，如"努力、争取、基本上"之类。

4）规定明确，能够便于人员理解。

5）要特别注意一个文件内容与活动的接口和文件与文件之间的接口是否妥当。

（7）文件的评审。所有体系文件在最后批准发布之前，可召开有直接使用者和有关人员参加的评审会，对文件进行评审，以尽量减少其缺陷或遗漏。也可以印发经编辑统稿后的文件，在有关人员中广泛征求意见。对于在评审过程或征求意见中反映出文件缺陷、错误、遗漏，应及时进行修改、补充，这一步骤非常重要。有些组织不重视这一环节，导致发布后的文件不适用，有些部门或员工抵制使用文件，造成文件失效。

（8）正式批准发布。所有质量文件都必须经批准后正式发布实施。质量手册必须由最高管理者批准发布，程序文件一般可由管理者代表批准发布，其他质量文件则根据其内容，由相关的授权人员批准发布。有一点值得提醒的是：许多组织规定文件发布日与文件实施日有 10~15 天的空当，主要的目的是利用这一段时间对全体人员进行文件培训和做好体系运行的准备工作。在文件培训过程中，也有可能进一步发现文件规定的一些缺陷和不足，组织也应及时按文件规定对其进行修改，进一步增强文件的可行性、有效性。

五、质量管理体系文件的编写方法

1. 自上而下依次展开的编写方法

按质量方针、质量手册、程序文件、作业指导书（程序或规范）、质量记录的顺序编写。此方法的特点是：

（1）组织要首先制订一个质量管理体系文件编写总体设计，包括各层次及其展开文件的数量多少。

（2）对文件编写人员，特别是质量手册编写人员的 ISO 9000 族标准知识和生产知识要求较高。

（3）有利于上一层次文件与下一层次文件的衔接。

（4）文件编写需要时间较长。

（5）会伴随着反复修改。

2. 自下而上的编写方法

按质量记录、作业指导书、程序文件、质量手册的顺序编写。此方法的特点是：

（1）适用于原管理基础较好的组织。

（2）如无设计指导，则易出现混乱，这种方法不是经常使用的一种方法。

3. 中间突破的编写方法

先编写程序文件，再进行质量手册和作业指导书、质量记录的编写。此方法的特点是：

（1）此方法的实质是从分析质量活动、确定活动程序开始。

（2）有利于 ISO 9000 族标准的要求与组织的实际紧密结合。

（3）可缩短质量文件编写时间，这种方法经常为许多组织应用。

六、质量手册

1. 质量手册的定义和作用

ISO 9000 第 3.8.8 条规定，质量手册是"组织的质量管理体系的规范"，为了适应组织的规模和复杂程度，质量手册在其详略程度和编排格式方面可以不同。因此，不同组织的处理方式不尽相同。

对于中小型组织或产品简单的组织（包括服务性组织），可将质量手册与程序文件合一，在质量手册中阐述质量管理体系要求时，即对与该要求的有关职责、权限、程序、要求一并写出。这样可以减少文件编写的工作量，也有利于使用。

对于大型组织或产品复杂的组织，通常将质量手册与程序文件分开编写，质量手册只阐述质量管理体系的原则性要求，具体的要求以及职责、权限、程序等则在程序文件中阐述。按这种形式编写的质量手册相对较为简洁，而程序文件则可能相对复杂详略。

组织编写和保持质量手册，可达到下述目的：

（1）贯彻组织的质量方针、程序和要求。

（2）描述质量管理体系过程的相互作用。

（3）使组织的质量管理体系有效地运行。

（4）提供更好的控制方法，促进质量保证活动。

（5）作为质量管理体系审核依据。

（6）当情况改变时，保持质量管理体系及其要求的连续性。

（7）作为员工的培训教材。

（8）对外介绍其质量管理体系，证明其质量管理体系与顾客或认证机构所要求的质量管理体系标准相符合。

2. 质量手册的格式

组织的质量手册格式通常包含以下内容（各组织可根据自身特点做出适当的调整）：

（1）封面。质量手册的封面应清楚地表明组织的名称、手册标题、文件发放控制编号、文件编号和生效日期等。

（2）手册修改记录页。此页记录每次手册修改的日期、生效日期、主要内容、修改人、批准人等。

（3）批准页。由组织最高管理者签名的"质量手册发布令"。

（4）手册目录。列出质量手册所含章节题目及其对应的页码。

（5）手册的适用范围及不适用条款说明。所编写的质量手册适用的产品、生产该产品的组织领域或区域，同时应说明 ISO 9001 标准不适用的内容及理由。

（6）术语。规定组织特有术语的概念，注明依据的主要术语标准。

（7）组织概况。组织概况的描述可能对组织有初步了解。其主要内容可以是：

1）组织名称、地址、通信方法。

2）组织的隶属关系。

3）所有制性质。

4）主要产品情况，包括产品的名称、系列、型号，执行的标准、质量情况。

5）组织规模。

6）组织简要发展情况。

（8）质量管理体系条款的描述。这部分是质量手册的核心部分，通常按标准规定的序号和模式，即"4 组织环境"、"5 领导"、"6 策划"、"7 持续"、"8 运行""9 绩效评价""10 改进"进行展开描述。在这一部分应将质量管理体系过程间的相互作用描述清楚。

（9）质量管理手册的管理。这一项主要说明手册编写、审批、发放、使用、借阅、修改、换版、作废等方面的规定。

（10）支持性文件目录。支持性文件一般包括程序文件、技术标准、操作规程、规范和管理标准等。

附录一给出某组织的质量手册案例，供读者参考。

七、程序文件

1. 程序文件的定义和作用

ISO 9000 第 3.4.5 规定："程序是为进行某项活动或过程所规定的途径"。程序可以"形成文件"或"形成文件的程序"。含有程序的文件可称为"程序文件"。

程序文件是质量管理体系最重要的组成部分，它主要有以下方面的作用：

（1）规定了一个组织的质量活动的内容、方法和途径。

（2）程序文件是质量手册的支持性、基础性文件，是对质量管理体系条款的策划。

（3）程序文件是质量体系有效运行的必要条件和依据，也是质量管理体系高效、经济、协调运行的方法保证。

（4）是员工的良好培训教材之一。

（5）是质量体系审核的依据之一。

2. 程序文件的格式

ISO 9001 标准没有强制要求形成文件化程序，正是由于没有强制要求，为组织在文件编制方面留下了很大的活动空间，有利于不同类型、规模的组织针对具体情况贯彻标准要求。实际上，对于大多数组织而言，它的程序文件中往往有十几个到几十个不等。但是，不管理程序文件数量有多少，对于一个组织的程序文件应规定一种统一的格式，以利于组织有关人员的识别、使用及今后的修改。以下是一种推荐格式，可供参考。

（1）封面。在封面上表明文件的名称、编号、文件的发布、实施日期、编写者、批准人。

（2）修改记录表。此页记录表明该程序修改的时间、主要内容、修改日期、修改方式、修改人等。

（3）目的。一般简单地说明为什么要开展这项活动，即说明程序所控制的活动及控制目的。

（4）适用范围。程序所涉及的有关部门和活动、相关人员、产品等，必要时应说明禁止事项。

（5）职责。规定负责实施该项程序的部门或人员及其责任和权限、规定与实施。

（6）工作流程。这是程序文件的主要内容，应一步一步地列出开展此项活动的细节，保持合理的编写顺序，具体要求是：

1）说明该项活动各环节输入、转换和输出所需的文件、物资、记录以及它们与有关活动的接口关系和协调措施。

2）规定开展各环节活动在物资、人员、信息和环境等方面应具有的条件。

3）明确对每个环节内转换过程中各项因素的要求，即由谁做，什么时间做，什么地方做，做什么，做到什么程度，达到什么要求，如何控制，形成什么记录和报告，以及相应的审批手续。

4）规定输入、转换和输出过程中需要注意的例外或特殊情况的纠正措施。

5）必要时辅以流程图。

（7）相关文件和术语。相关文件系指需引出的或本程序相关联的文件，包括相关的程序文件、作业指导书、操作规程及其他技术文件、管理文件等；术语系指本程序中涉及的并需要说明、定义或解释的术语。

（8）报告和记录表格格式。明确使用该程序时所产生的记录和报告的表格的形式，写明表格的名称和编号，必要时应附上表格样式。

附录二附录三给出某组织的程序文件案例，供读者参考。

八、作业指导书（一种形成文件的信息）

只要是用以指导某个具体过程、活动开展的技术性细节描述的可操作性文件，都是作业指导书。ISO 9001 的 8.5.1 条规定"可控条件应包括：可获得形成文件的信息。"其"可获得"可理解为：

（1）当某个新的具体过程尚不能为操作者所理解、所掌握时，应该有作业指导书予以指导。

（2）关键过程如因操作失误，其后果可能极其严重，应该有作业指导书予以规范。

（3）特殊过程因事后不易验证，只能或主要靠过程操作来确保质量，应该有作业指导书。

（4）对操作技能要求较高的过程，应该有作业指导书予以指导。

（5）操作者变化较大或较快的过程，或操作者较多的过程，应该用作业指导书统一其操作。

（6）操作者文化或技能较低，或者缺乏经验，应该用作业指导书予以规范或培训。

（7）需要进行特殊控制的过程，或者控制要求特殊的过程，应该有作业指导书。

（8）组织认为需要有作业指导书的地方。

根据使用时对象的不同，作业指导书可分为以下三类：

（1）操作作业指导书是生产或服务的操作者使用的文件。

（2）检验和试验作业指导书是检验和试验（包含计量检定）部门检验人员、试验人员、检定人员使用的文件。

（3）管理性的作业指导书是管理部门执行者使用的文件。

作业指导书用于具体指导现场生产或管理工作，其格式完全取决于作业的性质和复杂程度，不像质量手册和程序文件那么单一，不必也不可能采用统一的结构和形式。作业指导书既可以是文字描述，也可以是图片、图表、样品或以上述若干的组合。组织应根据实际情况做出判断，以便起到明白清晰的作业指导作用。

表 4-4、表 4-5 给出某组织的部分作业指导文件，供读者参考。

×××橡塑公司		作业指导书		编　号	ST243A—2002
				版　次	第 B 版
				页　次	1/1
产品名称		玻纤增强聚氨酯护垫	工序名称		浇注工序
编　制	××	审　核	××	批　准	××

内容：

1　浇注前的准备工作

1.1　开启注射机。

1.2　接通电源，检查各种仪表是否正常，检查原料及清洗剂是否齐备。

1.3　将料温调节至 A 组分 35～40℃，B 组分 30～35℃。

1.4　启动计量泵，将泵速调节至 A 组分 320～325r/min，B 组分 290～310r/min。

1.5　根据产品大小，调节好注射时间，详见下表。

产　品　号	时　　间（s）
8674	2.1
3452	2.2
5345	2.5
3453	2.3
3456	5.0
4362	5.3
5322	6.0

2　浇注

2.1　开启模具。

    a. 检查模温：用手触摸，感到烫手。

    b. 喷涂脱模剂：上下模均应均匀喷涂。

    c. 铺设裁制好的玻纤毡。

2.2　浇注合模。

　　根据产品大小，按照设定好的注射时间，开启混合头，将混合料注入杯中，并迅速将混合料均匀地浇注以铺设在模具上的玻纤上，然后合模。

2.3　脱模。

    a. 合模 8min 后，即可开启模具，将产品脱出，产品脱模后，应单独放置冷却 15min 后，即可堆码。

    b. 脱模后，即可进行模具清理，喷涂脱模剂，铺设玻纤毡，进行下一循环。

表 4-5　　　　　　　　　　　　　设备操作规范示例

××机电 有限公司	设备操作规范	编　号	ST112A—2002
		版　次	第 A 版
		页　次	1/1

（一）车床操作规程

操作程序：1. 接通电源。

　　　　　2. 打开机床总开关，将红色开关旋转一周，按绿色开关开机。

　　　　　3. 停机时按红色开关。

　　　　　4. 操作完毕，关闭机床总开关。

操作要求：1. 运作前检查工作服穿戴是否整齐，头发不可太长，并应佩戴防护镜。

　　　　　2. 开机后，先慢速运转数分钟，检查机床运作是否正常。

　　　　　3. 正常工作中严禁佩戴手套，机床未完全停止不可测量工件。

　　　　　4. 保持机床清洁、润滑，未经许可，不得擅自操作。

（二）锣床操作规程

操作程序：1. 接通电源。

　　　　　2. 按黑色开关开机。

　　　　　3. 停机时，按红色开关关机即可。

操作要求：1. 运作前检查工作服穿戴是否整齐，头发不可太长。

　　　　　2. 开机后，先慢速运转数分钟，检查机床运作是否正常（锣刀是否安装牢固，加工件有无夹紧）。

　　　　　3. 操作中应佩戴防护眼镜，严禁佩戴手套。

　　　　　4. 机床未完全停止，不可测量工件。

　　　　　5. 锣床配件在使用后，必须放回工具架上。

　　　　　6. 保持机床清洁、润滑，定期检查机头与工作台面之精度。

（三）磨床操作规程

操作程序：1. 接通电源。

　　　　　2. 按绿色开关开机。

　　　　　3. 停机时，按红色开关关机即可。

操作要求：1. 运作前检查工作服穿戴是否整齐，应佩戴眼镜、口罩。

　　　　　2. 操作前必须检查砂轮是否完好，机床防护罩是否稳固，工作前工件是否吸紧。

　　　　　3. 操作中砂轮不可猛进（一次不要磨太深，保持在 $0.02mm$ 之内）。

　　　　　4. 保持机床润滑，不可擅自拆除安全装置。

　　　　　5. 保证工作台面平整、光滑。

编　制	××	审　核	××	批　准	××

九、质量计划

1. 质量计划的概念

在 ISO 9000 标准 3.8.9 对质量计划给出了明确的定义："何时，并由谁对特定的实体应用程序和相关资源的规范。""注 1：这些程序通常包括所涉及的那些质量管理过程以及产品和服务实现过程。注 2：通常，质量计划引用质量手册的部分内容或程序文件。注 3：质量计划通常是质量策划的结果之一。"

质量计划根据对象分产品质量计划和质量管理计划。产品质量计划是对特定产品的质量产生、形成、完成、实现全过程的质量工作目标、内容、重点、手段、资源和时间顺序等做出的安排。从形式上看，近似于一个微型的质量手册。质量管理计划是按质量手册的规定，对某个或某几个质量管理体系要素的目标、程序、组织、活动等进行安排。

2. 产品质量计划

产品质量计划是组织使用最典型的质量计划。对大多数组织来说，既然已编制了质量手册和程序文件，能够满足产品质量控制的要求，就不再需要编制产品质量计划。只有在以下特定情况下，组织才应编制产品质量计划。

（1）组织的质量手册和程序文件针对的是多种产品，是"一般性"规定，而各种产品又有不同的质量要求和不同的质量控制措施，质量手册和程序文件不能完全适用时。

（2）组织的质量手册和程序文件虽然适用产品，但该产品有异常情况或特殊要求需要采用特殊控制措施时。

（3）组织开发新产品，新产品对质量控制有特殊要求。

产品质量计划的内容通常包括以下几点：

（1）计划的目的。说明本计划是为了什么目的和要达到什么标准或水平而制订。可以包括质量目标和指标。

（2）计划的范围。说明计划适用于什么环境下的哪些产品、项目或合同，适用于哪些部门或人员，适用于什么时间范围等。

（3）计划提出的控制措施。这是质量计划主体的内容，包括措施要求与实施办法。

（4）控制的措施要求可分基本要求与专项要求。基本要求，即已在质量手册中明确规定的通用要求，是质量计划中提到的所有需控制过程的共同要求，如管理职责、文件的控制、纠正和预防措施等"体系层次"的要求；专项要求即"过程要求"，若将产品生产全过程分为若干阶段，则可称阶段要求，如分为设计阶段、制造阶段、装配阶段、使用阶段，逐阶段提出控制措施要求。

（5）实施办法。在实施办法中应明确：执行什么文件及验收标准，应提供的记录、报表或文件、资料，提供的文件应达到哪些要求等。

（6）对有关产品要求和质量管理体系的审核、评审的时机、内容、要求做出规定的这些内容，在质量手册中应有相应规定。质量计划的编制者要做的工作是：将手册的规定与产品、项目或合同联系起来，为确保合同如期实现，对于每一项具体工作如何确保质量，达到什么要求等，用文字描述，以便实施和检查、落实。对那些在质量手册中已规定得具体、详实的内容，质量计划只需直接引用或点明出处。

表 4-6 给出某组织新产品设计、生产、扩产质量计划的框架，以供读者参考。

表 4-6　　　　　　　　　　　新产品设计、生产、扩产质量计划

1　编制背景

2015 年下半年，我公司 C 型概念机展销期间，反应热烈，欧美销售商竞相下单，仅美国市场订货量，已超过公司去年同类机型总产量，加速 C 型机的研发及扩大 C 型机的产量，成为 2009 年公司最重要而紧迫的工作。

2　计划目标

2.1　2016 年 3 月完成 C 型机的设计开发；

2.2　2016 年 6 月产量达到 30 万台；

2.3　2016 年 12 月产量达到 40 万台。

3　实施步骤

　　总体步骤如下：

3.1　调配技术人员，集中力量在 3 月份完成 C 型机的设计开发；

3.2　上半年由 D 型机生产车间代加工部分半成品，喷涂件、注塑件全部发外加工；

3.3　下半年进行生产场地的调整，新增场地及相关各类资源。

4　资源配置需求

序号	资源类别	现有量	产量 30 万台时需增数量	产量 40 万台时需增数量	备　　注
1	人力资源				
1.1	设计人员				
1.2	生产人员				
1.3	检验员				
1.4	其他				
2	基础设施				
2.1	生产设备、工艺装备				
2.2	检测装置				
2.3	生产场地				
2.4	外协厂商				
2.5	其他				

5 主要工作内容、职责和完成期限

序号	实施的项目	主要工作内容	责任部门	责任人	完成期限
1	新产品研发	1.1 编制新产品设计开发计划书 1.2 完成新产品的设计开发及全套设计输出文件	开发部		
2	新供方评定	选择合适的外发加工的候选供方，评定合格后列入合格供方名录	采购部		
3	人员配置及培训	3.1 完成扩产所需的人员招聘及调整 3.2 编制新员工及转岗人员培训计划	办公室		
4	设施配置	4.1 生产设备的选型、购置、验收及安装 4.2 检测装置的选型、购置、验收及校准	工程部 质检部		
5	生产采购计划的调整	5.1 编制半成品内部代加工计划及外发加工件的采购计划 5.2 加大所有物资的采购量，调整最低库存	采购部		
6	工艺布局的调整及生产场地搬迁	6.1 对新场地进行工艺布局 6.2 正式组织安排预定车间的搬迁 6.3 对旧场地重新进行工艺布局	工程部		

6 文件化需求

序号	文件名称	责任部门	责任人	完成期限
1	编制外协加工零部件清单、技术要求和进货检验规程	技术部		
2	调整工艺图及检验点	技术部		
3	编制新增工艺规程、生产设备操作规程和检测装置操作规程	技术部		
4	编制新场地工艺布局图	生产部		
5	新增质量记录格式设计和审批	办公室		
6	其他文件			

十、记录

1. 记录的作用和定义

ISO 9000 中 3.8.10 条款规定，记录是"阐明所取得的结果或提供所完成活动的证据的文件"，在 ISO 9001 中明确要求的质量记录（即保留形成文件的信息）种类不少，共有 23 类，详见表 4-7。

表 4-7　　　　　　ISO 9001 标准所要求的记录（保留形成文件的信息）

序号	条款	标准的要求
1	4.4.2b	确认过程按策划进行的形成文件的信息
2	5	—
3	6	质量目标
4	7.1.5.1	监视测量资源适合其用途的证据
5	7.1.5.2	作为测量设备校准或验证依据（当没有国际或国家标准的测量标准时）
6	7.2d	在组织控制下工作并可影响质量管理体系绩效和有效性人员能力的证据
7	8.1e	策划运行过程所需的记录，以证实产品和服务符合要求
8	8.2.3.2	产品和服务要求的评审结果及要求
9	8.3.2	证实已经满足设计和开发要求
10	8.3.3	设计和开发输入
11	8.3.4.f	设计和开发控制
12	8.3.5	设计和开发输出
13	8.3.6	设计和开发更改、评审、更改授权和采取措施
14	8.4.1	外部供方的评价、选择、绩效监视及再评价，以及对这些活动和评价引发的任何必要措施
15	8.5.2	当有可追溯要求时，组织控制输出的唯一性标识证据
16	8.5.3	顾客或外部供方的财产发生丢失、损坏或发现不适用情况，向顾客或外部供方报告等
17	8.5.6	生产和服务提供更改评审、授权更改的人员、采取必要措施
18	8.6	产品和服务的放行符合接收准则的证据、可追溯到授权放行人员的信息
19	8.7.2	描述不合格、采取的措施、让步、识别处置不合格的授权
20	9.1.1	质量管理体系绩效和有效性评价结果
21	9.2.2	审核方案实施证据及审核结果
22	9.3.3	管理评审结果的证据
23	10.2.2	不合格的性质以及随后采取措施及结果的证据

质量记录是质量管理体系文件文件的重要组成部分，主要有以下作用：

（1）证明满足质量要求的程度。产品经过测量，将测量所获得的数据记录在案，并将其与规范、标准对比，判断其是否合格，这样的产品质量记录将为产品提供质量证明。

（2）证明质量管理体系条款运行的有效性。质量管理体系条款要求有运行的情况和结果时，更是非质量记录不能证明。

（3）为有可追溯性要求的场合提供。可追溯性的要求没有质量记录是不允许的。质量记录对于可追溯性的要求进行跟踪记录，才能满足这种要求。

（4）为纠正措施和预防措施提供证据。是否采取了纠正措施，是否采取了预防措施，其效果如何，都需要质量记录来证实，为分析质量动态提供素材。质量记录是对质量的产生、形成和实施的全过程进行控制的重要手段。通过对质量记录的分析，可以掌握质量的动态和发展趋势，以便采取措施。

（5）为持续改进提供机会。通过质量记录及时对其提供的数据进行的分析，可以寻找到持续改进的机会。持续改进本身，也是建立在必要的记录之上。

（6）在面临争执、仲裁和诉讼时，质量记录是最有力的证据。在市场经济条件下，不管是国内市场还是国际市场，组织都可能面临顾客、合作者、供方、竞争对手、政府等有关方的投诉。在解决争端时，特别是诉讼到法庭时，没有证据或证据不充分，败诉可能性特别大。这时质量记录就起到证据作用。

（7）决策时的依据。质量管理七大原则之一是"循证决策"。质量记录所反映的正是事实，因而为组织决策提供了依据。

2. 记录的控制要求

（1）记录填写的要求。

1）记录的客观性、真实性、准确性。记录者和各级责任必须认真负责，坚持原则，做到填写清楚、准确、详细、完整，防止避重就轻，弃真存伪。

2）记录的及时性。记录应随着质量活动的进展而及时进行，要严格规范质量行为，养成一次性做好工作的良好习惯，完成一项质量工作，做好记录，避免后补，以免失真。

3）记录的完整性。规定进行记录的活动，必须完整地记录，不能遗漏，能够通过记录，完整地了解所进行的质量活动。

（2）记录的标识。记录表格作为质量管理体系文件中的组成部分，应纳入文件的控制与管理。记录表必须有统一标识，标识内容应包括编号、表号、页号。

（3）记录的收集。记录的收集目的是确保质量记录的齐全和妥善保管。

（4）记录的编目。便于记录的查阅和使用。使查阅人对该项质量活动的质量记录形成一个整体概念。

（5）记录的查阅。对于记录查阅工作进行登记管理。

（6）记录的归档、贮存、保管和处理。

1）记录应按管理要求立卷、归档、贮存、保管，归档前必须经主管部门验收合格后，方能归档。合同对记录有要求的，按顾客要求的保存期限确定；外部没有要求的，由组织针对不同产品做出相应的规定。一般的质量记录保存期限为 2 年。重要的应长期保存。质量记录保存期限，应在相应的程序文件中规定。记录管理方式要便于存取和检索。保管环境要适宜可靠，做到防潮、防火、防虫鼠，防止损坏、变质和丢失。

2）记录的处理。超过规定保存年限的质量记录，应到期进行处理，并做好处理记录。

附　　　　录

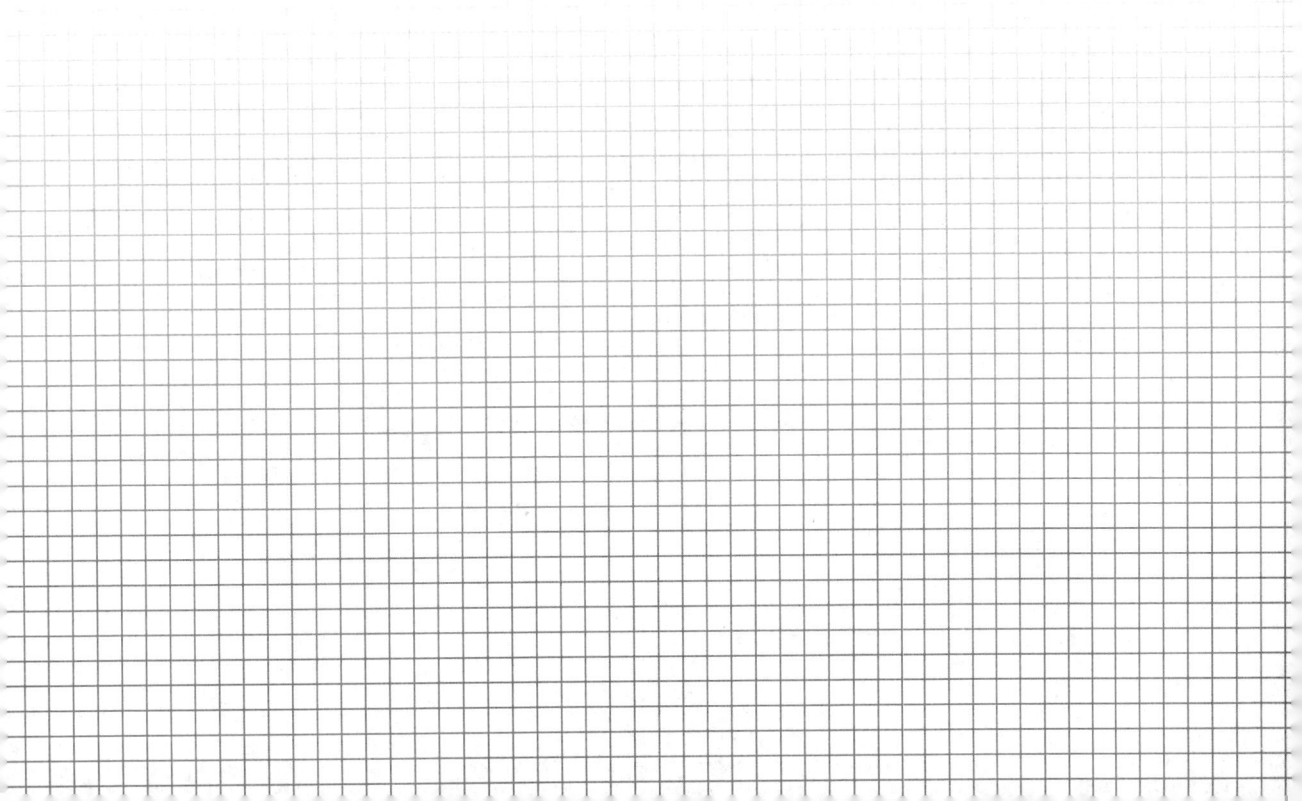

附录一

质 量 手 册 案 例

杭州市太通机电有限公司

QM01A—2016 质量手册

编写	黄继容
审核	张 倩
批准	潘关应
分号	02

2×××年 12 月 30 日发布　　　　2×××年 12 月 30 日实施

目 录

1 前　　言

1.1　公司简介

公司位于浙江省杭州市新北区开明镇。该镇是全国重点改革试点镇，工业发达、交通十分便利。

本公司创建于 1988 年，经过十几年艰苦创业，已由一个镇办小厂发展成今天拥有固定资产 7000 万元，占地面积六万平方米，建筑面积 6 万平方米的现代化企业。本公司配备有先进的聚乙烯泡沫板材（PE）和聚氨酯泡沫塑料（PU）生产线及后续系列产品的加工设备，聚乙烯泡沫板材年生产能力 4 万立方米，聚氨酯泡沫年生产能力 2000 吨，开发的系列产品包括聚氨酯玻纤增强扶手、冲浪板、床上系列用品等，产品用于汽车、化工、建材、轻工、旅游业等领域。

1997 年公司实行改制，企业的经营管理更适应市场机制的环境，公司面对国际国内市场发展的需要，自 1998 年起，按照国际上通行的先进质量管理标准，建立企业内部的质量管理体系，坚持实施并不断注意加以改进和完善，使企业管理充满了活力。PE 及 PU 系列产品畅销全国各地，并开拓国际市场，远销美国、德国、加拿大、澳大利亚、芬兰、香港等世界全国和地区。由于加强了质量控制，产品质量稳定，在国内外用户中享有良好的声誉。目前年销售额 8000 万元，出口创汇 4000 万元。

公司本着平等协商，互惠互利的原则，热忱欢迎海内外人士与我公司建立和开展各种形式的经济、技术和贸易合作，互相支持，共展宏图。

公司地址：中国浙江省杭州市新北区开明镇
邮政编码：311000
电　　话：0571-67891482
传　　真：0571-67892546

1.2 质量方针和质量目标

质量方针

> 精益求精，不断创新，为全球顾客提供优质的产品和服务，是公司全体员工最大的职责和使命。

质量目标

序号	质量目标	目标分解值	职责部门	验证期限
1	提高进货合格率	进货出现不合格是处理有效率99%	品保部	体系发布后每6个月
		合格供方采购率98%	采购部	
2	提高顾客满意程度	顾客总体满意率80%以上	管理者代表	
		顾客投诉处理有效率90%	销售部	
3	提高产品出厂合格率	产品出现不合格时处理有效率100%	品保部	
		员工作业合格上岗率100%	办公室 生技部	
		设备完好使用率100%	设备部	

注：目标值的计算方式详见质量目标统计表。

2 颁 布 令

　　本《质量手册》由管理者代表组织各有关部门依据ISO 9001：2015标准要求，结合本公司的实际情况编制而成，经认真审核，现予颁布实施。

　　本《质量手册》是阐述本公司质量管理体系的纲领性文件，是公司质量活动和质量管理体系运行应遵循的基本法规。它对内用于公司的内部质量管理，对外则是企业质量保证能力的证明文件。

　　本手册适用于本公司眼镜的设计、开发、生产和服务各阶段的质量管理。

　　本手册从颁发之日起执行，要求公司各部门、全体员工严格贯彻执行。

总经理：潘关应

2×××年12月30日

3 组织机构及质量管理职能分配

3.1 组织机构

```
                        总经理
                          │
                        副总经理
                          │
                          ├──────────── 管理者代表
        ┌─────────────────┼─────────────────┐
      行政部             生技部             销售部
        │                  │
      办公室   ┌───┬───┬───┬───┬───┬───┬───┬───┐
            技术部 设备部 采购部 品保部 工模车间 烧焊车间 磨光车间 包装车间
              │      ┌────┴────┐
            样板组  原料库   五金库
```

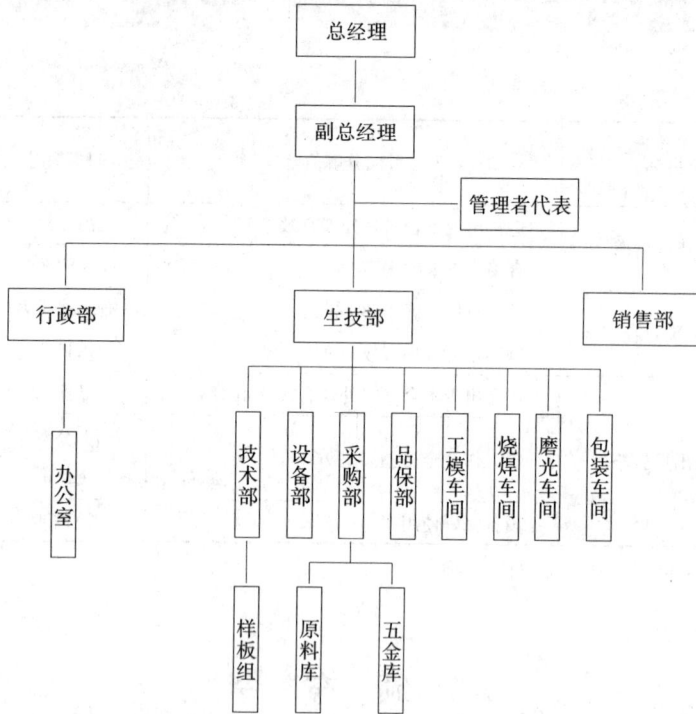

3.2 质量管理职能分配表

	质量管理体系要求 职能分配 领导及职能部门	总经理	管理者代表	副总经理	行政部	销售部	技术部	采购部	生技部	品保部	设备部	车间	仓库
组织环境	4.1 理解组织及其环境	▲	△	△	△	△	△	△	△	△	△	△	△
	4.2 理解相关方的需求和期望		▲	△									
	4.3 确定质量管理体系的范围		▲	△									
	4.4 质量管理体系及其过程	△	▲	△	△	△	△	△	△	△	△	△	△
领导	5.1 领导作用和承诺	▲											
	5.2 方针	▲											
	5.3 组织的岗位、职责和权限	▲	▲	△	▲	△	△	△	△	△	△	△	△

138

质量管理体系要求 职能分配 领导及职能部门			总经理	管理者代表	副总经理	行政部	销售部	技术部	采购部	生技部	品保部	设备部	车间	仓库
策划	6.1	应对风险和机遇的措施		▲							△			
	6.2	质量目标及其实现的策划		▲		▲					△			
	6.3	变更的策划		▲							△			
支持	7.1 资源	7.1.1 总则	▲											
		7.1.2 人员				▲								
		7.1.3 基础设施				△	△	△	△	△	△	▲	△	△
		7.1.4 过程运行环境								▲		△		
		7.1.5 监视和测量资源									▲			
		7.1.6 组织的知识				▲					△			
	7.2	能力	△	△	△	▲	△	△	△	△	△	△	△	△
	7.3	意识	△	△	△	▲	△	△	△	△	△	△	△	△
	7.4	沟通	△	△	△	▲	△	△	△	△	△	△	△	△
	7.5	形成文件的信息	△	△	△	△	△	△	△	△	▲	△	△	△
运行	8.1	运行策划和控制	△	▲						△				
	8.2	产品和服务的要求					▲							
	8.3	产品和服务的设计和开发						▲		△				
	8.4	外部提供过程、产品和服务的控制							▲	△	△			
	8.5	生产和服务提供								▲			▲	▲
	8.6	产品和服务的放行									▲		△	
	8.7	不合格输出的控制									▲		△	
绩效评价	9.1	监视、测量、分析和评价		▲		△					△			
	9.2	内部审核		△							▲			
	9.3	管理评审		▲							△			
改进	10.1	总则		▲										
	10.2	不合格和纠正措施				▲	△	△	△	△	▲	△	△	△
	10.3	持续改进				△	△	△	△	△	▲	△		△
备　注		▲——主要执行部门；△——配合执行部门												

139

4 组 织 的 环 境

4.1 确定公司的环境

总经理应通过国内外新闻、网络、行业协会、政府部门的出版物、行业或技术出版物等方式获取并确定与公司宗旨和战略方向相关并影响公司实现质量管理体系预期结果的能力的各种来自于国际、国内、地区和本地的各种法律法规、技术、竞争、市场、文化、社会和经济环境等正面或负面的外部因素和公司的价值观、文化、知识和绩效等有关的正面或负面的内部因素。总经理应对所确定的内部和外部因素的相关信息进行监视和评审。

由总经理组织建立"内外部因素清单"。

4.2 确定相关方的需求和期望

总经理应通过合同、行业标准、协议等确定顾客、最终用户、股东、供应商、员工、银行、法律法规及监管机构、竞争对手等与质量管理体系有关的相关方对本公司质量管理体系的要求。总经理应对这些相关方及其要求的相关信息进行监视和评审。

由总经理组织建立"相关方要求清单"。

4.3 质量管理体系的范围

公司 QMS 的范围是：眼镜的设计、生产及其相关部门和场所。

4.4 质量管理体系及其过程

4.4.1 公司应按照 ISO 9001：2015 标准要求，建立、实施、保持和持续改进质量管理体系，包括所需的顾客导向过程、支持过程、管理过程及其相互作用。公司 QMS 主要过程如下：

顾客导向过程	支持过程	管理过程
产品的要求确定	资源	应对风险和机遇的措施
生产和服务提供的控制	能力、意识	质量目标及其实施的策划
产品和服务的设计开发	沟通	顾客满意
防护	形成文件的信息	分析与评价
交付后的活动	运行策划和控制	内部审核
	外部提供过程、产品和服务的控制	管理评审
	标识和可追溯性	不符合和纠正措施
	顾客或外部供方的财产	持续改进
	产品和服务的放行	
	不合格输出的控制	

总经理应确定 QMS 所需的过程及其在整个公司中的应用，且应：

a）确定这些过程所需的输入和期望的输出；

b）确定这些过程的顺序和相互作用；

c）确定和应用所需的准则和方法（包括监视、测量和相关绩效指标），以确保这些过程有效的运行和控制；

d）确定这些过程所需的资源并确保其可用性；

e）分派这些过程的职责和权限；

f）应对按照本手册 6.1 的要求所确定的风险和机遇；

g）评价这些过程，实施所需的变更，以确保实现这些过程的预期结果；

h）改进过程和质量管理体系。

4.4.2 在必要的范围和程度上，应：

a）保持形成文件的信息以支持过程运行；

b）保留确信 QMS 过程按策划进行的形成文件的信息。

5 领 导

5.1 领导作用和承诺

5.1.1 总则

总经理应通过如下方面证实其对质量管理体系的领导作用和承诺：

a）对质量管理体系的有效性负责；

b）确保制订公司的质量方针和目标，并与公司的环境和战略方向相一致；

c）确保质量管理体系要求融入公司的业务过程；

d）促进使用过程方法和基于风险的思维；

e）确保质量管理体系所需的资源是可用的；

f）沟通有效的质量管理和符合质量管理体系要求的重要性；

g）确保质量管理体系实现其预期结果；

h）促进、指导和支持人员为质量管理体系的有效性做出贡献；

i）推动改进；

j）支持其他相关管理者在其职责范围内发挥领导作用。

5.1.2 以顾客为关注焦点

总经理应通过确保以下方面的要求来证实其以顾客为关注焦点的领导作用和承诺：

a）确定、理解并持续地满足顾客要求以及适用的法律法规要求；

b）确定和应对能够影响产品和服务合格以及增强顾客满意的风险和机遇；

c）始终致力于增强顾客满意。

5.2 质量方针

总经理应确保制定公司的质量方针，并满足以下要求：

a）适应公司的宗旨和环境、战略方向；

b）为建立质量目标提供框架；

c）体现满足适用要求的承诺；

d）体现持续改进质量管理体系的承诺；

e）应采用宣传、会议等方式在公司内得到沟通、理解和应用；

f）适宜时，通过宣传、网络、文件等方式可为有关相关方所获取。

本公司的质量方针具体见本手册的第 1.2 节。

5.3 公司的岗位、职责和权限

总经理应确保公司内相关岗位的职责、权限得到分派、沟通和理解。

5.3.1 总经理应分派职责和权限，以：

a）确保质量管理体系符合 ISO 9001：2015 标准的要求；

b）确保各过程获得其预期输出；

c）报告质量管理体系的绩效及其改进机会；

d）确保在整个公司推动以顾客为关注焦点；

e）确保在策划和实施质量管理体系变更时保持其完整性。

5.3.2 本公司根据质量管理体系的要求设立组织机构（见本手册附录 A 组织机构图），并对各组织机构的职责做出明确的规定和沟通（见本手册附录 B 职能分配表）。

5.3.3 各部门的职责权限见《各部门工作标准》文件。

5.3.4 本公司制定并实施《岗位工作标准》，确保内部各岗位职责、权限得到规定和沟通。

6 策　　划

6.1 应对风险和机遇的措施

6.1.1 在策划质量管理体系时，应考虑到所确定的公司内部和外部因素和所确定的相关方所提及的要求，并按风险管理程序确定需要应对的风险和机遇，以：

a）确保质量管理体系能够实现其预期结果；

b）增强有利影响；

c）避免或减少不利影响；

d）实现改进。

6.1.2 应按风险管理程序策划：

a）应对这些风险和机遇的措施；

b）如何在 QMS 过程中整合并实施这些措施，评价这些措施的有效性。

应对风险和机遇的措施应与公司产品和服务合格的潜在影响相适应。

6.2 质量目标及其实现的策划

6.2.1 总经理应确保在公司相关职能、层次和过程上建立质量目标并形成文件。所建立的质量目标应：

a）与质量方针保持一致；

b）可测量；

c）考虑适用的要求；

d）与产品和服务合格以及增强顾客满意相关；

e）予以监视；

f）予以沟通；

g）适时更新。

6.2.2 在策划如何实现质量目标时，应确定：

a）采取的措施；

b）需要的资源；

c）由谁负责；

d）何时完成；

e）如何评价结果。

具体见公司策划的《年度质量目标》文件。

6.3 变更的策划

当确定需要对质量管理体系进行变更时，公司应考虑：

a）变更目的及其潜在后果；

b）质量管理体系的完整性；

c）资源的可获得性；

d）职责和权限的分配或再分配。

7 支　　持

7.1 资源

7.1.1 总则

公司应确定并提供为建立、实施、保持和持续改进质量管理体系所需的资源。总经理应考虑：现有内部资源的能力和局限性；需要从外部供方获得的资源。

7.1.2 人员

人财部应按《人事管理制度》确定并配备所需的人员，以有效实施质量管理体系并运行和控制其过程。

7.1.3 基础设施

公司应确定、提供并维护所需的如下基础设施，以运行过程并获得合格产品和服务：

a）建筑物和水电气相关设施；

b）生产设备和工装模具，包括硬件和软件；

c）运输资源；

d）通信和信息系统。

具体按《资源管理程序》《设施设备管理制度》《模具管理制度》《ERP 管理制度》实施。

7.1.4 过程运行环境

公司应确定、提供并维护所需的如下环境，以运行过程并获得合格产品和服务：

a）社会因素（如无歧视、和谐稳定、无对抗）；

b）心理因素（如缓解紧张情绪、预防职业倦怠、保证情绪稳定）；

c）物理因素（如温度、热量、湿度、照明、空气流通、卫生、噪声等）。

人财部协助总经理创造轻松愉快的工作氛围，各部门确保本部门负责的工作场所保持整洁卫生。具体按《安全生产及 6S 管理制度》实施。

此外，公司应保证符合认证产品生产要求的工作环境，涉及生产、检验、试验、储存等环节。例如：生产环境的洁净度；检测场所的温度、湿度、噪声、震动等；储存场所的通风、防潮等。

各部门应保持所在工作场所适宜的环境条件及确保安全设施，保证产品质量和工作效率，消除不安全因素。

7.1.5 监视和测量资源

7.1.5.1 总则

公司应确定并提供确保结果有效和可靠所需的监测资源，并应确保所提供的资源：

a）适合所进行的监视和测量活动的类型；

b）得到维护，以确保持续适合其用途。

7.1.5.2 测量溯源

当要求测量溯源时，应确保测量设备：

a）对照能溯源到国际或国家标准的测量标准，按照规定的时间间隔或在使用前进行校准和（或）检定（验证），当不存在上述标准时，保留作为校准或检定（验证）依据的形成文件的信息；

b）予以识别，以确定其状态；

c）予以保护，防止可能使校准状态和随后的测量结果失效的调整、损坏或劣化。

当发现测量设备不符合预期用途时，应确定以往测量结果的有效性是否受到不利影响，必要时应采取适当的措施。

具体按公司策划的《监视和测量资源管理程序》实施以上要求。

7.1.6 知识

公司应确定获得合格产品和服务而运行过程所需的知识。

公司应保持这些知识，并在必要范围内可得到。

为应对不断变化的需求和发展趋势，应评审现有的知识，确定如何获取更多必要的知识和知识更新。

具体由人财部在各岗位工作标准中明确这些知识，各部门在策划实施 QMS 体系要求时在文件中体现这些知识。

7.2 能力

人财部应：

a）在各岗位工作标准中规定受公司控制的从事影响质量管理体系绩效和有效性工作的人员所需具备的能力；

b）基于适当的教育、培训或经历，确保这些人员是胜任的；

c）适用时，采取措施获得所需的能力，并评价措施的有效性；

d）保留适当的形成文件的信息，作为人员能力的证据。

具体按《人事管理制度》进行控制。

7.3 意识

人财部应确保受公司控制的工作人员知晓：

a）质量方针；

b）相关的质量目标；

c）他们对质量管理体系有效性的贡献，包括改进绩效的益处；

d）不符合质量管理体系要求的后果。

7.4 沟通

公司应确定与质量管理体系相关的内部和外部沟通并负责实施，应包括：

a）沟通的内容；

b）沟通的时机；

c）沟通的对象；

d）沟通的方式；

e）谁负责沟通。

本公司与上级行政主管部门的沟通以及内部各部门沟通由人财部负责，与顾客、供方沟通由业务部负责。

7.5 形成文件的信息

7.5.1 总则

本公司的质量管理体系包括：

a) ISO 9001：2015 标准要求的形成文件的信息；

b) 确定的为确保质量管理体系有效性所需的形成文件的信息。

7.5.2　创建和更新

在创建和更新形成文件的信息时，应确保适当的：

a) 标识和说明（如：标题、日期、作者、索引编号等）；

b) 格式（如：语言、软件版本、图示）和载体（如：纸质、电子格式）；

c) 评审和批准，以确保适宜性和充分性。

7.5.3　形成文件的信息的控制

7.5.3.1　应按《文件管理程序》和《记录管理程序》控制公司 QMS 和 ISO 9001：2015 标准所要求的形成文件的信息，以确保：

a) 在需要的场合和时机，均可获得并适用；

b) 予以妥善保护（如：防止失密、不当使用或不完整）。

7.5.3.2　为控制形成文件的信息，适用时，应进行下列活动：

a) 分发、访问、检索和使用；

b) 存储和防护，包括保持可读性；

c) 更改控制（如版本控制）；

d) 保留和处置。

对于各部门确定的、策划和运行质量管理体系所必需的、来自外部的形成文件的信息，应进行适当识别，并按《文件管理程序》和《记录管理程序》进行控制。对所保留的作为符合性证据的形成文件的信息应予以保护，防止非预期的更改。

8　运　　行

8.1　运行的策划和控制

为满足产品和服务提供的要求，并实施本手册第 6 章所确定的措施，质技部应通过以下措施对所需的过程进行策划、实施和控制：

a) 确定产品和服务的要求。

b) 建立过程和产品、服务的接收准则。

c) 确定符合产品和服务要求所需的资源。

d) 按照准则实施过程控制。

e) 在必要的范围和程度上，确定并保持、保留形成文件的信息：

1) 确信过程已经按策划进行；

2) 证实产品和服务符合要求。

策划的输出应适合公司的运行需要。

质技部应控制策划的变更，评审非预期变更的后果，必要时，采取措施减轻不利影响。

本公司暂无外包过程，当有外包过程时，质技部应确保外包过程按本手册第8.4条得到受控。

8.2 产品和服务的要求

8.2.1 顾客沟通

业务部与顾客沟通的内容应包括：

a）提供有关产品和服务的信息；

b）处理问询、合同或订单，包括变更；

c）获取有关产品和服务的顾客反馈，包括顾客投诉；

d）处置或控制顾客财产；

e）关系重大时，制订有关应急措施的特定要求。

8.2.2 产品和服务要求的确定

业务部在确定向顾客提供的产品和服务的要求时应确保：

a）产品和服务的要求得到规定，包括：适用的法律法规要求，公司认为的必要要求。

b）对其所提供的产品和服务，能够满足公司声称的要求。

8.2.3 产品和服务要求的评审

8.2.3.1 业务部应确保有能力满足向顾客提供的产品和服务的要求。在承诺向顾客提供产品和服务之前，应按《与顾客有关过程的管理程序》对如下各项要求进行评审：

a）顾客明确的要求，包括对交付及交付后活动的要求；

b）顾客虽然没有明示，但规定的用途或已知的预期用途所必需的要求；

c）公司规定的要求；

d）适用于产品和服务的法律法规要求；

e）与先前表述存在差异的合同或订单要求。

若与先前合同或订单的要求存在差异，业务部应确保有关事项已得到解决。

若顾客没有提供形成文件的要求，业务部在接受顾客要求前应对顾客要求进行确认。

8.2.3.2 适用时，业务部应保留评审结果、产品和服务的新要求有关的形成文件的信息。

8.2.4 产品和服务要求的更改

若产品和服务要求发生更改，业务部应按《与顾客有关过程的管理程序》确保相关的形成文件的信息得到修改，并确保相关人员知道已更改的要求。

8.3 产品和服务的设计和开发

8.3.1 总则

质技部应按《设计和开发管理程序》对设计和开发过程进行控制，以确保后续的产品和服务的提供。

8.3.2 设计和开发策划

质技部在确定设计和开发的各个阶段和控制时，应考虑：

a）设计和开发活动的性质、持续时间和复杂程度；

b）所需的过程阶段，包括适用的设计和开发评审；

c）所需的设计和开发验证和确认活动；

d）设计和开发过程涉及的职责和权限；

e）产品和服务的设计和开发所需的内部和外部资源；

f）设计和开发过程参与人员之间接口的控制需求；

g）顾客和使用者参与设计和开发过程的需求；

h）对后续产品和服务提供的要求；

i）顾客和其他有关相关方期望的设计和开发过程的控制水平；

j）证实已经满足设计和开发要求所需的形成文件的信息。

8.3.3 设计和开发输入

质技部应针对所设计和开发的具体类型的产品和服务，确定基本的要求。应考虑：

a）功能和性能要求；

b）来源于以前类似设计和开发活动的信息；

c）法律法规要求；

d）公司承诺实施的标准或行业规范；

e）由产品和服务性质所决定的、失效的潜在后果。

设计和开发输入应满足设计和开发的目的，且应完整、清楚。应解决相互冲突的设计和开发输入。质技部应保留有关设计和开发输入的形成文件的信息。

8.3.4 设计和开发控制

质技部应对设计和开发过程进行控制，以确保：

a）规定拟获得的结果；

b）实施评审活动，以评价设计和开发的结果满足要求的能力；

c）实施验证活动，以确保设计和开发输出满足输入的要求；

d）实施确认活动，以确保形成的产品和服务能够满足规定的使用要求或预期用途要求；

e）针对评审、验证和确认过程中确定的问题采取必要措施；

f）保留这些活动的形成文件的信息。

8.3.5 设计和开发输出

质技部应确保设计和开发输出：

a）满足输入的要求；

b）对于后续的产品和服务的提供过程是充分的；

c）包括或引用监视和测量的要求，适当时，包括接收准则；

d）规定对于预期目的、安全和正确提供的产品和服务的基本特性。

质技部应保留设计和开发输出的形成文件的信息。

8.3.6 设计和开发更改

质技部应对产品和服务设计和开发期间以及后续所做的更改进行适当的识别、评审和控制，以确保这些更改对满足要求不会产生不利影响。

质技部应保留下列形成文件的信息：

a）设计和开发更改；

b）评审的结果；

c）更改的授权；

d）为防止不利影响而采取的措施。

8.4 外部提供的过程、产品和服务的控制

8.4.1 总则

生产部应确保外部提供的过程、产品和服务符合要求。

公司应对下列情况实施控制：

a）外部供方的过程、产品和服务将构成公司自身的产品和服务的一部分；

b）外部供方代表公司直接将产品和服务提供给顾客；

c）公司决定由外部供方提供的过程或过程的一部分。

生产部应基于外部供方按照要求提供过程、产品或服务的能力，确定外部供方的评价、选择、绩效监视以及再评价的准则，并按《采购管理程序》《供应商管理制度》加以实施。对于这些活动和由评价引发的任何必要的措施，应保留形成文件的信息。

8.4.2 控制类型和程度

生产部应确保外部提供的过程、产品和服务不会对公司持续地向顾客交付合格产品和服务的能力产生不利影响。应：

a）确保外部提供的过程保持在其质量管理体系的控制之中；

b）规定对外部供方的控制及其输出结果的控制；

c）考虑外部提供的过程、产品和服务对公司持续地满足顾客要求和适用的法律法规要求的能力的潜在影响，以及由外部供方实施控制的有效性；

d）确定必要的验证或其他活动，以确保外部提供的过程、产品和服务满足要求。

8.4.3 提供给外部供方的信息

生产部应确保在与外部供方沟通之前所确定的要求是充分的。应与外部供方沟通以下要求：

a）拟提供的过程、产品和服务；

b）对产品和服务、方法、过程和设备、产品和服务的放行进行批准；

c）能力，包括所要求的人员资格；

d）外部供方与公司的互动；

e）外部供方绩效的控制和监视；

f）公司或其顾客拟在外部供方现场实施的验证或确认活动。

具体按《采购管理程序》实施。

8.5 生产和服务提供

8.5.1 生产和服务提供的控制

生产部及车间应按《生产和服务提供管理程序》《生管管理制度》《车间管理制度》并在受控条件下进行生产和服务提供。适用时，受控条件应包括：

a）可获得形成文件的信息，以规定以下内容：

1）所生产的产品、提供的服务或进行的活动的特性；

2）拟获得的结果。

b）可获得和使用适宜的监视和测量资源。

c）在适当阶段实施监视和测量活动，以验证是否符合过程或输出的控制准则以及产品和服务的接收准则。

d）为过程的运行提供适宜的基础设施和环境。

e）配备具备能力的人员，包括所要求的资格。

f）若输出结果不能由后续的监视和测量加以验证，质技部应对生产和服务提供过程实现策划结果的能力进行确认，并定期再确认。

g）采取措施防范人为错误。

h）实施放行、交付和交付后活动。

8.5.2 标识和可追溯性

车间和仓库应采用适当的方法识别输出，以确保产品和服务合格。

质技部应在生产和服务提供的整个过程中按照监视和测量要求识别输出状态。

当有可追溯要求时，车间应控制输出的唯一性标识，且应保留所需的形成文件的信息以实现可追溯。

具体按《标识和可追溯性管理办法》实施。

对于公司产品认证中涉及的认证标志管理和控制，按公司《产品认证管理制度》实施。

8.5.3 顾客或外部供方的财产

公司在控制或使用顾客或外部供方的财产期间，应按《顾客和外部供方的财产管理制度》对其进行妥善管理。

质技部对使用的或构成产品和服务一部分的顾客和外部供方财产，应予以识别并进行验证、防护和保护。

若顾客或外部供方的财产发生丢失、损坏或发现不适用情况，应向顾客或外部供方报告，并保留相关形成文件的信息。

8.5.4 防护

车间和仓库应按确保在生产和服务提供期间对输出进行必要防护，以确保符合要求。

防护包括标识、处置、污染控制、包装、储存、传输或运输以及保护。

具体按《车间管理制度》《仓库管理制度》实施。

8.5.5 交付后的活动

生产部、车间、质技部应满足与产品和服务相关的交付后活动的要求。

在确定所要求的交付后活动的覆盖范围和程度时，应考虑：

a）法律法规要求；

b）与产品和服务相关的潜在不期望的后果；

c）产品和服务的性质、用途和预期寿命；

d）顾客要求；

e）顾客反馈。

交付后活动可能包括保证条款所规定的相关活动，本公司的交付后活动主要是解决顾客反馈的问题。

8.5.6 更改控制

公司对生产和服务提供的更改需进行必要的评审和控制，以确保持续地符合要求。

质技部应保留形成文件的信息，包括有关更改评审结果、授权进行更改的人员以及根据评审所采取的必要措施。

8.6 产品和服务的放行

质技部在适当阶段实施策划的安排，按《监视和测量管理程序》《质量管理制度》和检验标准、图纸等的要求实施检验试验，以验证产品和服务的要求已得到满足。

除非得到有关授权人员的批准，适用时得到顾客的批准，否则在策划的安排已圆满完成之前，不应向顾客放行产品和交付服务。

质技部应保留有关产品和服务放行的形成文件的信息。形成文件的信息应包括：

a）符合接收准则的证据；

b）授权放行人员的可追溯信息。

公司产品认证过程所涉及的检验和试验的特别要求，具体按公司策划的《监视和测量管理程序》《产品认证管理制度》《例行检验和确认检验指导书》《运行检查控制方法》实施。

8.7 不合格输出的控制

8.7.1
公司制定并实施《不合格品管理程序》，确保对不符合要求的输出进行识别和控制，以防止非预期的使用或交付。车间应通过下列一种或几种途径处置不合格品：

a）纠正；

b）隔离、限制、退货或暂停对产品和服务的提供；

c）告知顾客；

d）获得让步接收的授权。

对不合格品进行纠正之后应验证其是否符合要求。

对不合格的描述、所采取的措施以及获得的让步，应保留形成文件的信息。

9 绩 效 评 价

9.1 监视、测量、分析和评价

9.1.1 总则

质技部应确定：

a）监视和测量的对象；

b）所需的监视、测量、分析和评价方法，以确保结果有效；

c）实施监视和测量的时机；

d）对监视和测量的结果进行分析和评价的进机。

应评价 QMS 体系的绩效和有效性，保留适当的形成文件的信息，以作为结果的证据。

9.1.2 顾客满意

业务部负责顾客满意度的测量；监视顾客感受可以包括从诸如顾客满意调查、顾客对交付产品质量的数据、业务损失分析、顾客投诉之类的来源获得输入。

a）顾客满意或投诉的日常信息由业务员负责记录并处理，并及时反馈至有关部门。

b）由业务部不定期进行满意度调查，满意度调查表收回数量每年不少于发出量的 80%。

c）顾客满意度调查的信息，由业务部汇总并进行整理分析，并会同质技部门制定相关措施，形成顾客反馈报告提交管理评审。

9.1.3 分析与评价

质技部应组织各部门分析和评价通过监视和测量获得的适当的数据和信息，应利用分析结果评价：

a）产品和服务的符合性（由质技部负责）；

b）顾客满意程度（由业务部负责）；

c）质量管理体系的绩效和有效性（由总经理负责）；

d）策划是否得到有效实施（由总经理负责）；

e）针对风险和机遇所采取措施的有效性（由总经理负责）；

f）外部供方的绩效（由业务部负责）；

g）质量管理体系改进的需求（由总经理负责）。

数据分析方法应采用适宜的统计技术，本公司对于顾客满意程度一般采用调查表，对于产品质量的统计分析一般采用图示法（因果图、排列图、对策表等）。

具体按《数据分析管理办法》实施。

9.2 内部审核

9.2.1 总经理应确保按《内部审核管理程序》，每年至少进行一次完整的内部审核（二次内审的时间间隔不得超过 12 个月），以确认公司质量管理体系运行是否符合公司质量管理体系要求并得到有效的实施和保持，是否符合 ISO 9001：2015 标准以及强制性产品认证的工厂质量保证能力要求。

9.2.2 总经理应：

a）依据有关过程的重要性、对公司产生影响的变化和以往的审核结果，策划、制定、实施和保持审核方案，审核方案包括频次、方法、职责、策划要求和报告；

b）规定每次审核的审核准则和范围；

c）选择审核员并实施审核，以确保审核过程客观公正；

d）确保将审核结果报告给相关管理者；

e）及时采取适当的纠正和纠正措施；

f）保留形成文件的信息，作为实施审核方案以及审核结果的证据。

9.3 管理评审

9.3.1 总则

总经理应确保按《管理评审管理程序》每年至少对质量管理体系进行一次评审（二次管理评审的时间间隔不得超过 12 个月），以确保 QMS 持续的适宜性、充分性和有效性，并与公司的战略方向一致。

9.3.2 管理评审输入

策划和实施管理评审时应考虑下列内容：

a）以往管理评审所采取措施的情况。

b）与质量管理体系相关的内外部因素的变化。

c）下列有关质量管理体系绩效和有效性的信息，包括其趋势：

1）顾客满意和相关方的反馈；

2）质量目标的实现程度；

3）过程绩效以及产品和服务的符合性；

4）不合格以及纠正措施；

5）监视和测量结果；

6）审核结果；

7）外部供方的绩效。

d）资源的充分性。

e）应对风险和机遇所采取措施的有效性（见 6.1）。

f）改进的机会。

9.3.3 管理评审输出

管理评审的输出应包括与下列事项相关的决定和措施：

a）改进的机会；

b）质量管理体系所需的变更；

c）资源需求。

应保留形成文件的信息，作为管理评审结果的证据。

10 改 进

10.1 总则

总经理应确定和选择改进机会，并采取必要措施，以满足顾客要求和增强顾客满意，包括：

a）改进产品和服务以满足要求并关注未来的需求和期望；

b）纠正、预防或减少不利影响；

c）改进质量管理体系的绩效和有效性。

10.2 不合格和纠正措施

10.2.1 若出现不合格，包括来自于投诉的不合格，应按《改进管理程序》实施：

a）对不合格做出应对，并在适用时采取措施以控制和纠正不合格，处置所产生的后果。

b）通过下列活动，评价是否需要采取措施，以消除产生不合格的原因，避免其再次发生或者在其他场合发生：

1）评审和分析不合格；

2）确定不合格的原因；

3）确定是否存在或可能发生类似的不合格。

c）实施所需的措施。

d）评审所采取的纠正措施的有效性。

e）需要时，更新策划期间确定的风险和机遇。

f）需要时，变更质量管理体系。

纠正措施应与所产生的不合格的影响相适应。

10.2.2 应保留形成文件的信息，作为下列事项的证据：

a）不合格的性质以及随后所采取的措施。

b）纠正措施的结果。

10.3 持续改进

公司应持续改进质量管理体系的适宜性、充分性和有效性。应考虑分析、评价结果以及管理评审的输出，确定是否存在应关注的持续改进的需求和机遇。

11 质量手册管理规定

11.1 质量手册的审核、批准

质量手册由管理者代表审核,总经理批准,方可发布实施。

11.2 质量手册的发放

办公室负责质量手册的统一发放,受控质量手册第一页盖上"受控"章并填制"分发号",非受控质量手册盖上"非受控"章。

11.3 质量手册的更改

适当时机,由管理者代表负责组织质量手册的更改,更改完毕,管理者代表负责审核,总经理负责批准,方可发布实施。

11.4 质量手册的换版

质量手册原始版本号为 A,质量手册换版,版本号依次为 B、C、D……

质量手册换版时机:

a)质量手册结构有重大调整。

b)ISO 9000 标准换版。

c)质量手册经多次更改而认为需要换版时。

12 附 件

12.1 附件 1

开 模 → 烧 焊 → 磨 光 → 电 镀 → 包 装

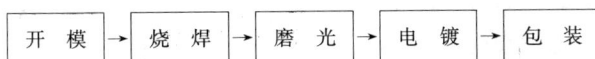

眼镜加工工艺流程总图

12.2 附件 2

管 理 者 代 表 任 命 书

为确保质量管理体系所需的过程得到建立、实施和保持,我授权张绩为管理者代表，负责建立实施和保持质量管理体系，主持质量管理体系要求的日常工作，对产品的质量和体系的正常运转负全责。当发现不符合质量管理体系、顾客合同、相关法律法规和 ISO 9001 标准要求时，有权采取相适宜的措施。

总经理：潘关应

日期：2×××年 12 月 30 日

12.3 附件3

程 序 文 件 目 录

序号	文 件 名 称	编 号
1	风险管理程序	DP01A—2016
2	文件管理程序	DP02A—2016
3	质量记录管理程序	DP03A—2016
4	管理评审管理程序	DP04A—2016
5	资源管理程序	DP05A—2016
6	与顾客有关过程管理程序	DP06A—2016
7	采购管理程序	DP07A—2016
8	生产和服务提供管理程序	DP08A—2016
9	监视和测量资源管理程序	DP09A—2016
10	内部审核管理程序	DP10A—2016
11	监视和测量管理程序	DP11A—2016
12	不合格品管理程序	DP12A—2016
13	改进管理程序	DP13A—2016
14	设计和开发管理程序	DP14A—2016

13 更 改 记 录

序号	更改内容主题	更改人	更改时间	备 注

附录二

程序文件案例一

远大灯具制造有限公司	纠正、预防措施控制程序	编 号	Q/YDZD QP15A-2002
		版 次	第 A 版
		页 次	1/3

1 目的

对存在/潜在的不合格事项进行分析，采取有效的纠正、预防措施，实现体系的持续改进。

2 范围

适用于对产品、过程和质量管理体系有关的存在/潜在的不合格进行的纠正、预防措施的制定、实施与验证。

3 职责

3.1 各主管部门负责适时发出"纠正、预防措施处理单"。

3.2 责任部门负责应采取的纠正、预防措施信息的调查和原因分析，以及纠正、预防措施的制定和实施。

3.3 发出处理单的各主管部门负责纠正、预防措施的评审和纠正、预防措施实施效果的验证。

3.4 本文件由体系部归口管理。

4 内容

4.1 纠正措施

4.1.1 程序描述

识别不合格 → 分析原因 → 制定措施 → 评审并确定措施 → 措施实施 → 效果验证 → 文件修订

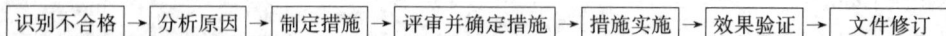

4.1.2 识别不合格

4.1.2.1 各部门应注意收集和识别体系中存在的不合格及有关信息，对于轻微、独立、偶然的不合格现象，可以口头方式提出并要求有关责任部门、人员予以改进。但在以下时机，应书面记录不合格事实并依据规定的程序执行并保持记录：

    a) 同一供方同一产品（服务）质量出现连续两批（次）不合格；

    b) 过程、产品质量出现重大问题；

    c) 顾客退回批量不合格品或遭遇相关方投诉时；

    d) 内部审核出现不合格时；

    e) 管理评审出现不合格时；

f）内部加工产品出现批量不合格时；

g）经数据分析识别的有关产品或体系各过程的重要信息；

h）出现不合格后，经体系部主管确认适用的其他场合。

4.1.2.2 当出现4.1.2.1所述情况时，由各主管部门填写"纠正、预防措施处理单"中的"不合格事实"一栏，同时确定责任部门，责任部门对不合格事实进行确认。

4.1.2.3 当责任部门确定为供方时，应由供应部负责与供方联络，将"纠正、预防措施处理单"提交供方，并负责措施实施情况的监督。

4.1.3 分析原因

责任部门应及时开展原因分析，必要时取得其他职能部门的协作，相关部门应积极予以配合，以确定不合格的原因。

4.1.4 制定措施

责任部门针对不合格出现的原因，制定适宜的纠正措施。

4.1.5 评审并确定措施

主管部门对制定的纠正措施进行评审，以确保不合格不再发生。

4.1.6 措施实施

责任部门依据确定的纠正措施的要求加以实施，并适时将措施实施的进展情况通报主管部门。

4.1.7 效果验证

由主管部门对责任部门所采取的纠正措施的有效性进行评审。如果经验证措施实施无效，应重新制定纠正措施，并重新进行安排评审和验证。

4.1.8 文件修订

对验证有效的纠正措施，应纳入质量管理体系文件，以确保不合格不再发生。文件的修订依据《文件控制程序》执行。

4.2 预防措施

4.2.1 程序描述

识别潜在不合格 → 分析原因 → 制定措施 → 评审并确定措施 → 措施实施 → 效果验证

4.2.2 识别潜在不合格

各部门应积极采用统计技术等各种适宜的方法寻找潜在的不合格，并及时通报主管部门。对于只可能造成轻微损失的潜在不合格，可以口头方式提出并要求有关主管部门、人员予以改进。对于可能导致产品或体系出现重大问题的潜在不合格，应书面记录潜在不合格事实并依据规定的程序执行并保持记录。

发现潜在的不合格后，发现人员应及时通知主管部门，由各主管部门填写处理单中的"潜在不合格事实",同时确定责任部门。

4.2.3 分析原因

责任部门应及时开展原因分析,必要时取得其他职能部门的协作,相关部门应积极予以配合,以确定潜在不合格的原因。

4.2.4 制定措施

责任部门针对潜在不合格可能出现的原因,制定适宜的预防措施。

4.2.5 评审并确定措施

责任部门将制定的预防措施提交主管部门进行评审,以确保不合格不会发生。

4.2.6 措施实施

责任部门依据确定的预防措施的要求加以实施,并适时将措施实施的进展情况通报主管部门。

4.2.7 效果验证

由主管部门对责任部门所采取的预防措施的有效性进行评审。如果经验证措施实施无效,应重新制定预防措施,并重新进行安排评审和验证。

4.3 其他管理要求

4.3.1 质量记录的管理

质量记录的管理依据《质量记录控制程序》执行。

4.3.2 纠正、预防措施的执行情况应提交管理评审。

5 相关文件

5.1 《文件控制程序》Q/YDZD QP01A—2002

5.2 《质量记录控制程序》Q/YDZD QP02A—2002

6 附录

6.1 《纠正、预防措施处理单》Q/YDZD QR15—01A

7 修改记录

序号	更 改 主 题	更改日期	更改方式

附录三

程序文件案例二（标准化模式）

上海新中天实业有限公司企业标准

Q/SZT—216.02—2×××

管理评审控制程序

2×××-01-01发布   2×××-01-30实施

上海新中天实业有限公司   发布

前　　言

为了规范上海新中天实业有限公司的管理评审工作，特制定本程序。

本标准由生产经营部起草。

主要起草人：×××。

本标准主要审核人：×××。

本标准审定人：×××。

本标准批准人：×××。

本标准由上海新中天实业有限公司标准化工作委员会负责解释。

管理评审控制程序

1 范围

本程序规定了上海新中天实业有限公司管理评审的实施，确保其持续的适宜性、充分性和有效性。

本程序适用于上海新中天实业有限公司的管理评审。

2 规范性引用文件

下列文件对于本文件的应用是必不可少的。凡是注日期的引用文件，仅注日期的版本适用于本文件。凡是不注日期的引用文件，其最新版本（包括所有的修改单）适用于本文件。

GB/T 19001 质量管理体系 要求

GB/T 24001 环境管理体系 要求及使用指南

GB/T 28001 职业安全健康管理体系 规范

3 术语和定义

3.1 评审

为确定主题事项达到规定目标的适宜性、充分性和有效性所进行的活动。

3.2 管理评审

由最高管理者按策划的时间间隔评审体系，以确保其适宜性、充分性和有效性所进行的活动。

4 管理职责

4.1 最高管理者

负责主持管理评审会议，并对评审活动做出结论，审批管理评审报告。

4.2 管理者代表

4.2.1 负责组织管理评审前的策划、准备工作；

4.2.2 负责审核管理体系运行报告，并向最高管理者报告 SHEQ 体系质量、环境、职业健康安全管理的业绩，提出改进建议和需求；

4.2.3 负责审定管理评审报告；

4.2.4 负责组织管理评审后的改进、纠正和预防措施的制定和实施。

4.3 生产经营部

4.3.1 企管分部

4.3.1.1 负责管理评审的组织准备，编制管理评审计划，汇总整理各部门管理体系运行情况的相关信息和资料，并提供管理评审所需的资料。

4.3.1.2 负责管理评审活动记录和管理评审报告的编写。

4.3.1.3 负责管理评审纠正和预防措施的跟踪验证。

4.3.2 实业商务分部

负责外包工程有关信息的汇总分析资料的准备。

4.3.3 安监分部

4.3.3.1 负责与环境保护有关信息的汇总分析资料的准备。

4.3.3.2 负责与职业健康安全有关信息的汇总分析资料的准备。

4.4 实业运行部

负责省、地调顾客反馈信息、电能质量信息、实业运行过程信息的汇总分析资料的准备。

4.5 设备部

负责设备管理过程信息的汇总分析资料的准备。

4.6 相关部门

4.6.1 负责本部门管理体系运行相关信息的分析总结，准备并提供与本部门工作有关的评审所需资料；

4.6.2 负责实施管理评审中提出的相关纠正、预防和改进措施；

4.6.3 根据职能分配，负责将与一体化管理体系有关的资料于管理评审会议前 15 天提供给生产经营部企管分部。

5 管理内容与方法

5.2 管理评审策划

5.2.1 管理评审的频次

5.2.1.1 管理评审由最高管理者主持，通常每年进行一次，一般在内部审核后一至两个月进行。

5.2.1.2 当遇到下列情况时，可不受 5.2.1.1 的限制，由企管分部制订计划，管理者代表审核，报最高管理者批准后实施。

 a）企业的组织机构、经营战略、人员等资源发生重大变化时；

 b）发生重大质量、环境、职业健康安全事故或相关方连续投诉时；

 c）有关体系方针目标、法律法规、标准及其他要求有重大改动和要求时；

 d）相关方对质量、环境、职业安全健康的愿望和要求发生重大变化时；

 e）总经理认为有必要时，如认证前的管理评审。

5.2.2 管理评审的方式

管理评审以专题会议的方式进行，必要时可到现场结合实际情况进行评审。

5.2.3 管理评审的准备

5.2.3.1 企管分部根据管理者代表的要求组织编制《管理评审计划》（见附录 A），报管理者代表审核，并经最高管理者批准后，在评审会之前一个月下发至各部门。计划主要内容包括：

    a) 评审目的；

    b) 评审内容；

    c) 评审依据；

    d) 评审范围及评审重点；

    e) 评审会参加部门（人员）；

    f) 评审准备工作要求；

    g) 评审时间、地点安排。

5.2.3.2 相关部门按《管理评审计划》要求，对照体系运行情况进行自评，按各自职责做好相关信息、资料的准备工作，并将有关信息、资料于管理评审会议召开前 15 天提供给企管分部。

5.2.3.3 企管分部将各相关部门提供的材料汇总、分析后编写《管理体系运行情况报告》（见附录 E）于管理评审前提交管理者代表审核。

5.2.3.4 管理者代表向最高管理者提出管理评审的主要内容，并组织有关部门或人员进行调查研究，准备专题文件或资料。

5.2.3.5 管理评审会议召开前一周，企管分部应安排好会议的议程，通过管理者代表批准后填写《管理评审通知单》，并发放至评审计划要求参加的各相关部门（人员）。

5.3 管理评审输入

5.3.1 各相关部门接到《管理评审计划》后应向归口管理部门提供如下材料和信息：

    a) 管理体系运行的改进建议；

    b) 本部门相关的考核情况及建议，本部门相关的目标、指标完成情况；

    c) 本部门相关的环境绩效、职业健康安全绩效；

    d) 本部门生产及经营管理等过程的业绩；

    e) 提供的资源满足需要的情况；

    f) 预防和纠正措施的实施情况；

    g) 与本部门相关的其他情况。

5.3.2 企管分部编写的《管理体系运行情况报告》作为管理评审的输入，应包含以下内容：

    a) 审核结果（包括近期内审、外审）；

    b) 顾客反馈（顾客满意度测量结果、顾客投诉、顾客抱怨、投诉和抱怨的处理结果）；

    c) 实业运行及检修等生产过程的业绩和电能质量符合性（包括与前期对比）；

    d) 预防措施与纠正措施实施状况；

    e) 上次管理评审跟踪措施的实施情况；

    f) 可能影响管理体系的变更的情况（如：内部员工的变化，法律、法规的变化，组织机构或产品、活动的变化，外部环境的变化等）；

    g) 相关方关注的问题；

    h) 管理方针、目标、指标的完成情况；

    i) 职业健康安全绩效、环境绩效及相应管理方案的实施情况；

j) 对产品、过程和体系持续改进的建议。

5.4 管理评审会议

5.4.1 最高管理者主持召开管理评审会议。

5.4.2 管理者代表提交"管理体系运行情况报告",做体系运行情况的专题报告。

5.4.3 全体与会人员根据管理者代表的专题报告讨论并评审体系的充分性、有效性和适宜性,包括以下内容:

 a) 分析管理体系的充分性,包括:

 1) 内部审核情况及纠正措施实施情况;

 2) 管理体系文件的修订及执行情况;

 3) 资源配置是否合理;

 4) 职责、接口关系规定是否明确;

 5) 管理体系控制要求落实情况,相关过程是否协调,是否有效控制运行。

 b) 分析管理体系的有效性,包括:

 1) 方针是否得以有效贯彻,目标是否实现;

 2) 合同的执行情况(或重大环境因素或不可容许风险的控制和体系运行绩效情况);

 3) 顾客满意的程度(或员工环保、职业健康安全意识);

 4) 内审、纠正预防措施是否正常实施并验证有效;

 5) 进行过程质量分析,鉴定是否达到要求(仅对质量管理体系)。

 c) 分析管理体系的适宜性,包括:

 1) 方针和目标是否需要调整;

 2) 组织机构、职责分工、资源配置是否合理;

 3) 管理体系是否适应内、外部客观条件和环境的变化。

5.4.4 评审实施。

5.4.4.1 与会人员包括公司领导、管理者代表、副总及各部门负责人等。

5.4.4.2 总经理主持管理评审会议,明确会议的目的、内容、议程和要求。

5.4.4.3 管理者代表报告整合管理体系整体运行情况,并提出改进的建议和要求。

5.4.4.4 企管分部报告体系文件运行情况、内部审核和上次管理评审措施的执行情况,并提出改进的建议和要求。

5.4.4.5 设备部报告质量管理体系部分检修生产过程的运行情况,并提出改进的建议和要求。

5.4.5.6 实业运行部报告质量管理体系部分实业运行过程及顾客满意度测量等方面的运行情况,并提出改进的建议和要求。

5.4.4.7 安监分部报告职业安全健康管理体系、环境管理体系的运行情况,并提出改进的建议和要求。

5.4.4.8 生产经营部报告管理目标完成情况以及采购情况,并提出改进的建议和要求。

5.4.4.9 人力资源部报告人力资源运行情况,并提出改进的建议和要求。

5.4.4.10 其他各有关部门根据需要报告本部门管理体系运行情况,并提出改进的建议和要求。

5.4.4.11 参加评审会议人员进行评议。

5.4.4.12 总经理对管理体系运行情况作出结论性评价，对评审后改进活动提出明确要求（包括体系、资源、方针、目标是否需要调整），对体系执行不利部门或个人提出考核，并落实改进措施。

5.4.4.13 企管分部负责管理评审现场记录，形成《管理评审会议记录》（见附录C）。

5.5 管理评审输出

5.5.1 企管分部根据《管理评审会议记录》编写《管理评审报告》（见附录D）。《管理评审报告》包括以下内容：

    a）管理评审的目的、时间、参加人员及评审内容；

    b）管理体系及过程的适用性、充分性、有效性的综合评价和需要的改进；

    c）管理方针、目标、指标适宜性的评价及需要的更改；

    d）资源需求的决定和措施；

    e）管理评审确定的改进决定和措施、责任部门和完成日期。

5.5.2 《管理评审报告》经管理者代表审核后交最高管理者批准。

5.5.3 企管分部将经最高管理者批准的《管理评审报告》以文件形式下发各部门并存档。

5.6 改进和验证

5.6.1 根据《管理评审报告》提出的要求，管理者代表组织各相关部门按《纠正与预防措施控制程序》制订纠正和预防措施，并对实施情况进行协调、监督、检查。

5.6.2 《管理评审报告》要求进行文件修改的，由管理体系责任管理部门按《文件控制程序》执行。

5.6.3 企管分部组织相关职能部门对确定的纠正与预防措施的实施情况进行跟踪检查，并做好记录。

5.6.4 管理评审资料、文件和记录按《记录控制程序》的要求归档和保管。

6 相关/支持性文件

    Q/SZT—215.01—2×××　文件控制程序

    Q/SZT—215.02—2×××　记录控制程序

    Q/SZT—216.01—2×××　内部审核控制程序

    Q/SZT—206.02—2×××　纠正和预防措施控制程序

7 记录及附录

附录序号	记录编号	名称	保存地点	保存期限
A	Q/SZT—216.02.JL.01—2×××	管理评审计划	企管分部	三年
B	Q/SZT—216.02.JL.02—2×××	管理评审会议签到表	企管分部	三年
C	Q/SZT—216.02.JL.03—2×××	管理评审会议记录	企管分部	三年
D	Q/SZT—216.02.JL.04—2×××	管理评审报告	企管分部	三年
E	Q/SZT—216.02.JL.06—2×××	管理体系运行情况报告	企管分部	三年

附 录 A

（规范性附录）

管 理 评 审 计 划

Q/SZT—216.02.JL.01—2×××   年 月 日

评审目的：
评审内容：
评审范围及评审重点：
评审准备工作要求：
评审时间、地点安排：
评审会参加人员：

编制人		审核人		批准人	
编制日期		审核日期		批准日期	

168

附 录 B

（规范性附录）

管理评审会议签到表

Q/SZT—216.02.JL.02—2×××　　　　　　　　　　　　　　　年 月 日

序　号	部　门	姓　名	职　务	备　注

附 录 C

（规范性附录）

管理评审会议记录

Q/SZT—216.02.JL.03—2×××

评审时间		评审地点	
参加人员：			
会议记录：			

注：纸不够另加附页。　　　　　　　　　　记录人：　　　日期：

附 录 D

（规范性附录）

管 理 评 审 报 告

Q/SZT—216.02.JL.04—2×××

评审时间			评审地点	
参加人员：				
评审目的：				
管理评审输入：				
体系运行情况概述：				
管理评审结论				

报告分发								

编制		审核		批准	
日期		日期		日期	

Q/SZT—216.02.JL.05—2×××

管理体系运行报告

报告起草人：_____

报告审核人：_____

管理者代表：_____

日　　期：_____年_____月___日

附录四

支持性文件案例一

设备缺陷管理制度

QW/HKK—0366—02—2×××

2×××年01月01日发布　　　　2×××年01月20日实施

广东红康机电有限公司　发布

制 度 控 制 表

版本编号	发布日期	实施日期	编写人	互审人	初审人	审定人	批准人	有否修订
A/0	2×××—1—1	2×××—1—20	×××	×××	×××	×××	×××	无

历次修订内容：

本制度监督实施及完善负责人：	本制度监督实施及完善执行人：
职务：设备部经理	职务：设备部主管
签字：×××	签字：×××

174

目　　录

1 目的

为保证生产设备安全、经济稳定运行，及时消除设备及系统存在的缺陷，使设备保持良好的健康状态，特制定本制度。

2 适用范围

本制度适用于公司的缺陷统计、分类、消除及消缺分析的过程管理。

3 引用标准及关联子系统

3.1 安全与健康管理子系统（HKK-03）

3.2 运行管理子系统（HKK-04）

3.3 检修管理子系统（HKK-05）

4 专用术语定义

4.1 缺陷：缺陷分为设备缺陷和设施缺陷，是指影响机组主辅设备、公用系统安全经济运行，影响建、构筑物正常使用和危及人身安全的异常现象等。如设备的振动、位移、摩擦、卡涩、松动、断裂、变色、过热、变形、异音、泄漏、缺油、不准、失灵，建、构筑物设施及附件的损坏、安全、消防和防洪设施损坏，以及由于设备异常引起的参数不正常等。缺陷按其影响程度分为零、一、二、三、四类，其中零、一、二、三类缺陷主要指设备缺陷，四类缺陷主要指非设备性缺陷。

4.2 零类缺陷：即紧急缺陷，是指引起机组强迫停运的缺陷，或虽未停机但危及主要设备安全运行或人身安全，如不及时消除或采取应急措施，在短时间内将造成停机、停炉，甚至全厂停电或严重威胁人身安全的缺陷。

4.3 一类缺陷：是指威胁安全生产或设备安全经济运行，影响机组正常出力或正常参数运行，属于技术难度较大，不能在短时间内消除，必须通过技术改造、更换重要部件或更新设备，通过机组大小修才能消除的缺陷。

4.4 二类缺陷：指不影响设备出力和正常运行参数，但有危及机组安全运行的可能，停机停炉后在短时间内可消除的缺陷或可以安排在计划检修中消除的缺陷，或者虽然影响设备出力和正常运行参数，但经切换调整系统后可以消除的缺陷。

4.5 三类缺陷：指发电主、辅设备及公用系统设备在生产过程中发生的一般性质的缺陷，消除时不影响机组出力或负荷曲线，可随时消除的缺陷，或者虽然在运行中无法消除，但不影响机组的安全性、可靠性和经济性。

4.6 四类缺陷：即非生产设备缺陷，主要指主辅设备及其系统以外，对机组、设备的安全经济稳定运行不会构成直接影响的建、构筑物等非生产设施缺陷，包括建、构筑物（门窗、上下水、屋顶、地面、设备基础等）、照明、浴室、卫生间、自来水系统、现场水冲洗系统、设备标识牌、保温、油漆等缺陷。

4.7 重复缺陷：是指同一台设备或设施在同一部位一个月内发生两次及以上的缺陷。

4.8 及时消除的缺陷：在规定的时限（包括批准延期处理的时限）内消除的缺陷。

4.9 开口缺陷：是指①不具备消缺条件的缺陷，如备品备件短时间内不能到货，而不能及时消除的缺陷；②运行状态下不能隔离检修的缺陷。

4.10 缺陷管理主要指标：

4.10.1 零（一～三）类缺陷比率 $= \dfrac{\text{零（一～三）类缺陷数}}{\text{缺陷总数}} \times 100\%$

4.10.2 消缺率 $= \dfrac{\text{已消除的缺陷数}}{\text{缺陷总数}} \times 100\%$

4.10.3 零（一～三）类缺陷消缺率 $= \dfrac{\text{零（一～三）类消除缺陷数}}{\text{零（一～三）类缺陷总数}} \times 100\%$

4.10.4 消缺及时率 $= \dfrac{\text{及时消除的缺陷数}}{\text{缺陷总数}} \times 100\%$

4.10.5 重复发生缺陷率 $= \dfrac{\text{(零～三类)重复缺陷数之和}}{\text{缺陷总数}} \times 100\%$

5 执行程序

5.1 缺陷登录及通知

5.1.1 维护人员每天对所辖的设备进行巡视，对于检查中发现的异常和缺陷及时处理，并在做相应记录。

5.1.2 维护人员上班后必须打开 BFS++ 系统查询有无缺陷单，并对缺陷组织安排处理。

5.1.3 维护人员接到运行人员的缺陷通知，白天 10min 内、夜间 15min 内到达现场，查明原因并进行相应处理。

5.1.4 发生零类缺陷（紧急缺陷）时，接到运行人员的缺陷通知，维护人员应立即向部门领导汇报，并做好防止缺陷扩大的应急措施，同时积极组织消缺。

5.2 缺陷的确认和消缺原则

5.2.1 维护人员应每天对网上登录的缺陷及时到现场确认，凡登录到 BFS++ 系统后超过 2 小时仍未确认的缺陷，均统计为确认不及时。

5.2.2 所有设备缺陷必须通过 BFS++ 系统进行管理，包括缺陷的登录、确认、隔离措施、开工、完工、验收等环节。

5.2.3 缺陷确认后，应根据缺陷的类别和紧急程度及时组织消缺。

5.2.4 在规定时间内没有消除的设备缺陷，应办理延期消缺申请，说明延期原因、消缺计划、缺陷消除前的风险评估和应采取的防范措施，并且经过审批。

5.2.5 各类缺陷的处理要求：

5.2.5.1 零类缺陷发生后，维护人员在征得值长批准并确认已做好隔离措施的前提下，可不办理工作票消缺，如果消缺时间超过 4h，维护人员应补办工作票，补办的工作票也必须执行 BFS++ 系统管理流程。零类缺陷必须有专人进行现场指挥、协调，并进行连续不间断消缺。

5.2.5.2 一类缺陷，由维护人员提出消缺延期申请，生产技术部对缺陷鉴定后及时进行延期批准，设备部制定技改或检修处理方案，进行技术攻关或列入科技攻关项目，经公司生产副总经理（总工程师）批准后，作为计划检修项目在大小修中实施。

5.2.5.3 二类缺陷，视不同情况，可以安排倒系统或降负荷消缺、停机消缺或安排在计划检修中处理。需要安排倒系统或降负荷消缺的，申请值长安排。需要停机消缺或安排在计划检修中处理的，由设备部、生产技术部鉴定，制定防止缺陷扩大的安全、技术措施，经公司生产副总经理（总工程师）书面批准后执行。

5.2.5.4 三类缺陷，是日常消缺重点，应本着随时发生随时消除的原则，消除后由点检员和运行人员验收确认。对未及时消除的缺陷应办理相应的审批手续。

5.2.5.5 四类缺陷，维护人员在征得运行人员或点检人员的同意后，开始组织消缺，消缺后应由点检人员和运行人员验收确认。

5.2.6 维护人员对网上登录缺陷到现场确认后，如不存在缺陷，应与运行人员联系进一步确认，双方确认不存在缺陷后，向生产技术部专业主管申请确认作废。

5.2.7 确认缺陷时，对类型或专业填写不符的缺陷应进行修正，需要得到设备部专业点检长的批准，点检长与相关专业进行沟通，若有争议，必须通知设备部安全主管或者部门经理进行协调确认，以利及时转对应专业进行确认、消缺。

5.2.8 在消缺过程中严格执行《安全文明生产管理标准》，做到物件摆放整齐，备件、材料三不落地，消缺工作结束后，由点检员、运行人员及维护人员共同参与验收，由运行人员完成消缺流程。

5.3 缺陷统计分析

5.3.1 为保证缺陷均能得到及时处理，对各类缺陷的消除给出一定的时限，此时限已包含办理工作票和运行人员做措施的时间，未在规定时限内消除的缺陷属于消缺不及时。

5.3.2 消缺时间统计从缺陷登录开始计时，到缺陷验收合格为止，以BFS++系统时间为准。

5.3.3 各类缺陷消缺时间规定：零类缺陷24h；一类缺陷需在停机或大小修中处理，虽不做限时要求，但统计为未及时消除的缺陷；二类缺陷72h；三类缺陷24h；四类缺陷24h。

5.3.4 各专业应进行周、月、年度缺陷统计、分析，周缺陷分析每周五前完成，在公司周一例会上通报；月度缺陷分析下月1日前、年度缺陷分析在下年度1月1日前完成，除在公司生产会议上通报外，还应上报设备部（具体格式见附页）。

5.3.5 缺陷统计期限以BFS++系统日期和时间为准，周缺陷统计期限为上周五0：00～本周四24：00，月度和年度缺陷统计期限为日历时间，从首日的0：00到末日的24：00。

5.3.6 鉴于部分缺陷很难准确判断专业，专业划分以最终消除缺陷的专业为准，若为几个专业的共同消缺，则记入消缺牵头专业，无法判断时划归设备本体专业。

5.4 缺陷验收

5.4.1 静态验收

缺陷消除后的静态验收由点检人员、维护人员参与验收，确认合格后消缺检修工作结束。

5.4.2 动态验收

在设备静态验收合格后，运行部门组织对消缺后设备进行试运，试运中运行部门与点检人员、维护人员共同验收，在确认设备试运正常后，消缺工作终结。

5.5 考核

考核和奖励标准按照公司《员工奖惩管理办法》执行，具体内容有：

5.5.1 每月统计各班组的消缺及时率，要求消缺及时率达到100%（开口缺陷不在此范围内，及时率的统计以 BFS++ 系统上的数据为准）。

5.5.2 为提高班组消缺的积极性，特按照消缺率的百分点制订奖惩办法（具体内容见《员工奖惩管理办法》）。

6 职责

6.1 生产副总经理

6.1.1 随时对现场缺陷处理情况进行检查。

6.1.2 对各专业主管进行督促，并随时检查班组缺陷台账完成情况。

6.2 设备部

6.2.1 对各专业的消缺情况进行监督。

6.2.2 每月汇总、统计、分析公司消缺情况，并根据制度相应地给予考核。

6.2.3 搜集各方面对现有缺陷制度的反馈信息，定期进行制度地修编。

6.3 专业主管

6.3.1 对各班班长进行督促，并随时检查班组人员现场消缺情况。

6.3.2 随时将现场正在发生的消缺情况及设备运行情况，缺陷跟踪情况向公司领导汇报。

6.3.3 及时组织人员进行现场紧急事件地处理。

6.4 专业专工

6.4.1 专业主管不在时，主持现场消缺工作，协调与其他专业之间的工作。

6.4.2 每月1号前统计汇总专业各班组的缺陷，并上报设备部。

6.4.3 每天坚持到现场检查设备状况和当天消缺情况。

6.4.4 及时布置、协调各班组完成领导安排的工作，并对完成情况进行反馈。

6.5 班长

6.5.1 服从专业主管的管理，接受主管、专工关于设备情况的了解和询问。

6.5.2 定期向专业主管当面汇报设备运行情况及重大缺陷处理情况或采取的应急措施。

6.5.3 按照专业区域和设备进行现场巡查，并对区域、设备进行专人负责制。

6.5.4 每天详细记录班长日志，对现场设备状况、当天消缺情况做好记录。

6.5.5 定期对重要的设备特别是缺陷处理后重新启动的设备进行巡查。

6.6 班组技术员

6.6.1 编制设备档案、设备检修台账，检修台账中应有每次重大抢修、消缺、临修和大小修的记录。

6.6.2 编制每月本班组的缺陷处理统计表，在每月 1 日前上报专业专工。

6.6.3 对于发现的重大缺陷和异常，应组织分析原因，讨论制订详细的防护措施和施工方案。

6.7 班组班员

6.7.1 服从班长管理，积极完成班长安排的各项消缺任务。

6.7.2 每天坚持巡查自己管辖的设备，发现缺陷、隐患及时汇报，并处理。

7 检查与评价

7.1 公司领导将随时对消缺情况进行检查。

7.2 检查评价表和评价制度的执行情况，每季一次，每年四次。

7.3 检查缺陷统计及消除情况，遗留缺陷的风险控制措施，并每月公布一次。

7.4 检查设备缺陷统计数量、类别、消缺率，消缺及时率和重复缺陷的发生数量，每月一次。

8 反馈

本制度应根据如下情况和意见反馈及时进行修订、完善。改善制度的信息来源：

8.1 公司对设备缺陷管理提出新的要求。

8.2 检查发现本公司《设备缺陷管理制度》实施中存在的问题。

8.3 公司内员工提出的制度改进建议。

9 附件

9.1 本制度的解释权和修改权在公司设备部。

9.2 本制度从发布之日起生效。

9.3 本制度与上级规定或国家法律相抵触的以上级部门规定或国家法律为准。

附件 1：缺陷管理流程。

附件 2：月度缺陷分类汇总表。

附件 3：月度缺陷统计分析。

附件 4：年度缺陷统计表。

附件 5：重复缺陷统计表。

附件 6：《设备缺陷管理制度》执行情况检查/评价表。

附件 1

缺 陷 管 理 流 程

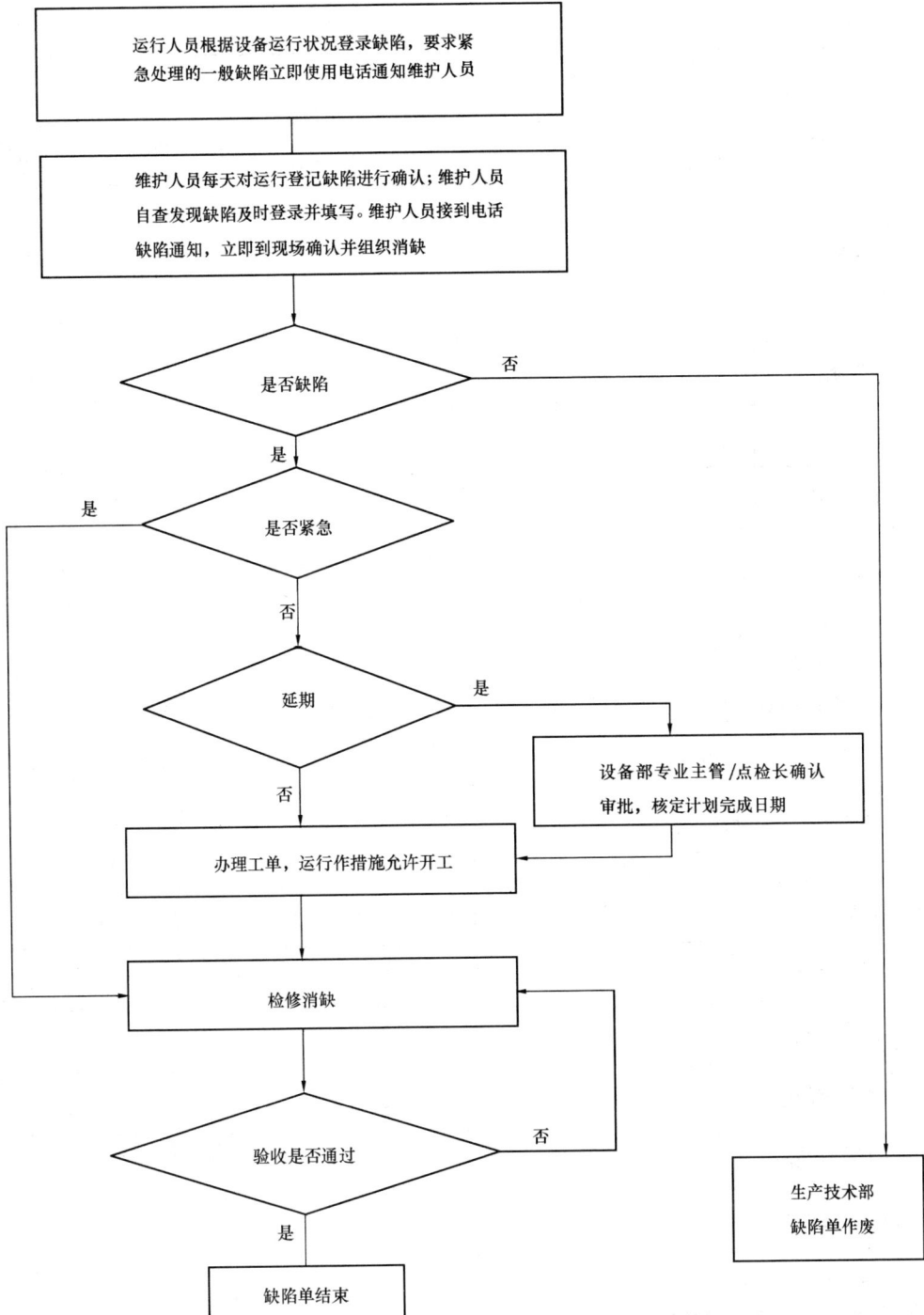

```
┌─────────────────────────────────────┐
│ 运行人员根据设备运行状况登录缺陷，要求紧 │
│ 急处理的一般缺陷立即使用电话通知维护人员 │
└─────────────────────────────────────┘
                    │
┌─────────────────────────────────────┐
│ 维护人员每天对运行登记缺陷进行确认；维护人员 │
│ 自查发现缺陷及时登录并填写。维护人员接到电话 │
│ 缺陷通知，立即到现场确认并组织消缺           │
└─────────────────────────────────────┘
                    │
              ◇ 是否缺陷 ◇ ──否──────────────────┐
                    │是                          │
              ◇ 是否紧急 ◇ ──是──┐                │
                    │否          │                │
              ◇ 延期 ◇ ──是──┐   │                │
                    │否       │   │                │
                    │   ┌──────────────────┐      │
                    │   │ 设备部专业主管/点检长确认 │      │
                    │   │ 审批，核定计划完成日期   │      │
                    │   └──────────────────┘      │
          ┌──────────────────────┐                │
          │ 办理工单，运行作措施允许开工 │←─────────       │
          └──────────────────────┘                │
                    │                             │
          ┌──────────────┐                        │
          │    检修消缺    │←───────────────        │
          └──────────────┘                        │
                    │                             │
              ◇ 验收是否通过 ◇ ──否──┐              │
                    │是              │              │
          ┌──────────────┐    ┌──────────────┐
          │   缺陷单结束   │    │  生产技术部    │
          └──────────────┘    │  缺陷单作废    │
                              └──────────────┘
```

181

附件 2

月度缺陷分类汇总表

QW/HKK—0366R—02—01

指标名称	本 月				（1月～本月）累计			
	发生	比率（%）	消除	比率（%）	发生	比率（%）	消除	比率（%）
零类缺陷								
一类缺陷								
二类缺陷								
三类缺陷								
四类缺陷								
合 计								

管 理 指 标 （本月）			
及时消除的缺陷数	消缺及时率	上月遗留缺陷数	本月遗留缺陷

重复缺陷分类汇总表			
缺陷名称	发生数量	占重复缺陷总数的比率	占总缺陷的比率
零类重复缺陷			
一类重复缺陷			
二类重复缺陷			
三类重复缺陷			
四类重复缺陷			
合 计			

附件 3

月度缺陷统计分析

QW/HKK—0366R—02—02

零类缺陷（含重复）统计

序号	缺陷名称	专业	是否消除	遗留缺陷		
				可能风险	风险防范措施	预计处理时间
1						
2						
3						
4						

一类缺陷（含重复）统计

序号	缺陷名称	专业	是否消除	遗留缺陷		
				可能风险	风险防范措施	预计处理时间
1						
2						
3						
4						

二类缺陷（含重复）统计

序号	缺陷名称	专业	是否消除	遗留缺陷		
				可能风险	风险防范措施	预计处理时间
1						
2						
3						
4						

××月缺陷总结分析

● ××月零（一、二）类缺陷（含重复缺陷）发生的主要原因为何？暴露的主要问题是什么？今后的控制措施是什么？

- 上月计划处理的遗留缺陷完成情况如何？本月遗留缺陷的开口原因及计划完成时间。
- 下月计划消除的零（一、二）类缺陷及具体名称。
- 提出缺陷发展趋势的判断，并针对性提出缺陷管理及治理的工作安排。

附件4

年度缺陷统计表

QW/HKK—0366R—02—03

专业		1月	2月	3月	4月	5月	6月	7月	8月	9月	10月	11月	12月	合计
汽轮机	零类	20 (19)												
	一类													
	二类													
	三类													
	四类													
锅炉	零类													
	一类													
	二类													
	三类													
	四类													
电气	零类													
	一类													
	二类													
	三类													
	四类													
硫化	零类													
	一类													
	二类													
	三类													
	四类													
合计														

注：发生的缺陷和已消除的缺陷都要填写，括号中的数为已消除的（见示例）。

184

附件5

重 复 缺 陷 统 计 表

QW/HKK—0366R—02—04

专业		1月	2月	3月	4月	5月	6月	7月	8月	9月	10月	11月	12月	合计
汽轮机	零类													
	一类													
	二类													
	三类													
	四类													
锅炉	零类													
	一类													
	二类													
	三类													
	四类													
电气	零类													
	一类													
	二类													
	三类													
	四类													
硫化	零类													
	一类													
	二类													
	三类													
	四类													
合　计														

《设备缺陷管理制度》执行情况检查／评价表

QW/HKK—0366R—02—05　　　　　　　部门名称：　　　　　　　年　月　日

评价题目	评 价 内 容	评	价
缺陷登记	缺陷登记及时，与现场实际相符	是	否。原因：
	缺陷分类正确，符合本制度的要求	是	否。原因：
缺陷消除	缺陷消除及时，各项记录齐全	是	否。原因：
	对于未及时消除缺陷的，有考核标准，并按标准进行考核	是	否。原因：
缺陷分析	及时按附件3的格式进行了缺陷统计分析，并报送设备部	是	否。原因：
	提出对缺陷发展趋势的判断，对设备管理有指导意义	是	否。原因：
检查评价表	检查评价表的检查与评价是否按时评价和交报	是	否。原因：
存在问题及改进建议	存在问题： 改进建议：		
评价意见：			
审核意见：			

检查人：　　　　　　　　　　评价人：　　　　　　　　　审核人：

附录五

支持性文件案例二（标准化模式）

浙江凯达电气股份公司企业标准

Q/KD 202003—2×××

QC 小 组 管 理

2×××-01-01 发布 　　　　　　　　　　　　　　 2×××-02-01 实施

浙江凯达电气股份公司　发布

目　　次

前　　言

　　Q/KD 202003—2×××《QC 小组管理》是根据凯达电气股份生〔2××× 〕60 号《凯达电气股份 QC 活动管理办法（暂行）》修订而成。

　　本标准自实施之日起，原《凯达电气股份 QC 活动管理办法（暂行）》同时不再执行。

　　本部分与凯达电气股份生〔2×××〕60 号相比，主要变化如下：

　　—— 增加了第 2 章"规范性引用文件"；

　　—— 对 QC 成果的奖励金额进行了适当调整。

　　本标准中的附录 A、B、C 为规范性附录。

　　本标准由浙江凯达电气股份公司标准化委员会提出。

　　本标准由设备部归口。

　　本标准起草部门：设备部。

　　本标准起草人：×××。

　　本标准审定人：×××。

　　本标准批准人：×××。

　　本标准为首次发布。

QC 小 组 管 理

1 范围

本标准明规定了 QC 管理机构及分工、QC 小组活动要求、活动的工作程序、成果发布和评选奖励办法等。

本标准适用于公司 QC 小组管理工作。

2 规范性引用文件

下列文件对于本文件的应用是必不可少的。凡是注日期的引用文件，仅注日期的版本适用于本文件。凡是不注日期的引用文件，其最新版本（包括所有的修改单）适用于本文件。

××××××
××××××

3 术语和定义

下列术语和定义适用于本标准。

3.1 QC 小组

凡在工程、生产和工作岗位上从事各种劳动的职工，围绕企业生产节约造价、优化施工、企业技术攻关、经营战略、方针目标和现场存在的问题，以改进质量、降低消耗、提高人的素质和企业的经济效益为目的组织起来，运用质量管理的理论和方法开展活动的小组，可统称为质量管理小组（QC 小组）。

4 管理职责

4.1 公司成立 QC 活动管理领导小组，组长由分管生产的副总经理担任，各部门主任为组员。

4.2 领导小组下设 QC 成果评比小组，负责 QC 成果评比工作。

4.3 设备部负责 QC 小组管理的日常事务，技改专职负责具体工作。

4.4 各部门设 QC 活动负责人一名，具体负责本部门的 QC 小组管理工作。

4.5 各部门要组织成立本部门的 QC 活动小组，做好活动的动员工作，并尽可能为活动小组提供所需的条件等。

5 QC 小组活动要求

5.1 各部门各班组要积极建立 QC 小组，人数以 3～10 人为宜。QC 小组选定课题后，要及时填报"QC 小组课题注册登记表"（见表1）和"QC 小组注册登记表"（见表2），经所在部门领导签署意见后报设备部审核、注册、登记，重大课题要经 QC 活动管理领导小组审批。

5.2 QC 小组要根据企业和本部门的方针目标，从调查分析本岗位、本班组、本部门及其所管辖设备的现状入手，围绕安全生产、生产设备的运行方式、设备攻关、提高经营管理水平、提高运行检修质量、技术改进等方面选择课题。

5.3 QC 小组活动应坚持实效原则，着眼于自身岗位实际选择一些力所能及的课题，力求使研究成果能在短时间内转化为生产力，降低生产成本，提高工作效率。鼓励以生产（服务）一线人员组成的以解决现场实际问题为主的"现场型""服务型"等 QC 小组，提倡管理创新，节能环保的"管理型""节约型"QC 小组，并倡导"创新型"、"安全型"QC 小组。

5.4 QC 小组要群策群力，集思广益，既能分工明确又能团结协作。按照"计划、实施、检查、处理"（即 PDCA）的工作程序开展活动（QC 小组课题活动程序见附录 A 所示），做到现状清楚，目标明确，对策具体，方法得当，措施落实，责任到人，并及时做好检查、总结工作。

5.5 QC 小组举行活动，每月不少于一次，活动形式可以灵活多样。小组活动应讲求实效，根据实际情况，恰当运用统计工具和其他科学方法。同时，要如实做好小组活动记录，包括选题理由、现状分析、对策措施、实施情况、数据处理、参加人员等内容。

6 QC 小组活动工作程序和具体内容

6.1 工作程序

　　成立小组→选择课题→课题送审→注册登记→制订计划→开展活动→成果总结→成果申报→成果验收→申报成果报告书→成果核实→成果发布评审→成果奖励→向上级推荐。

6.2 具体内容

6.2.1 由自愿结合或行政组织成立 QC 小组，并确定一名组长，填好小组登记表。组长对本组的各项活动事宜负责。

6.2.2 围绕企业生产、经营等及各岗位存在的具体问题等选择课题，确定具体明确且切实可行的活动目标。

6.2.3 QC 课题经部门领导或 QC 活动管理领导小组签署意见后，送设备部登记。

6.2.4 QC 小组积极开展讨论，及时沟通意见并制订具体的活动计划和实施步骤。

6.2.5 按 PDCA 循环开展活动，正确选用 QC 工具，排列问题找出主要原因，采取相应对策措施，并做好记录。

6.2.6 QC 小组活动达到预期目标后，及时对整个课题内容进行全面总结，编写成果报告书，向本部门 QC 活动负责人申请验收。

6.2.7 一般 QC 项目由所在部门组织验收，经领导小组批准的 QC 项目报送设备部后由 QC 领导小组组织验收。

6.2.8 每年 1 月 15 日前，成果推荐表经部门领导签署意见后，连同成果报告书一起上交交到设备部。

6.2.9 设备部组织相关专业技术人员对基本符合要求的 QC 成果进行调查核实，并写出简要的书面评估意见，确定要发布的 QC 成果名单，通知该 QC 小组制定适当的成果发布方式。

6.2.10 召开 QC 成果发布会，由 QC 小组代表发布成果，评委会按规定评出优秀 QC 成果，并推荐一、二、三等奖，经领导小组批准后分别给予奖励。

6.2.11 公司将把获得一等奖的 QC 成果推荐到上级质量管理协会，根据上级安排通知该小组代表参加由上级组织的 QC 成果发布会。

7 成果发布和评选

7.1 各部门应在每年 1 月 15 日前将本部门 QC 小组在上一年度所取得的 QC 成果报告书及其"QC 小组活动成果现场评审表"（见表 3）报送设备部。

7.2 为推进 QC 小组活动，每年 2 月份由 QC 领导小组组织一次 QC 小组成果发布会，进行经验交流。各评委根据"QC 小组活动成果发布评审表"（见表 4）要求对发布的成果进行打分。同时，进行优秀 QC 小组评选，评选采用活动评价（60%）和成果评价（40%）相结合，以活动评价为主的原则。活动评价以小组活动的经常性、持久性、全员性、科学性和实效性为主要依据。成果评价既要重视有经济效益的成果，也要重视提高安全可靠性、提高生产效率、改善管理、改善职工精神面貌、环境保护等方面的成果。

7.3 优秀 QC 小组应适时总结先进经验，并与其他职工开展经验交流活动，以号召更多职工积极参加活动。

8 奖励

8.1 对 QC 小组活动作出贡献的人员，给予一定形式的奖励，并对获得各级优秀质量管理称号的小组，由相应各级颁发证书。

8.2 公司级奖励标准如下：（若没有达到要求奖项可以空缺）

—— 成果一等奖：2000 元；

—— 成果二等奖：1500 元，每年三名；

—— 成果三等奖：1200 元，每年五名；

—— 优秀奖：800 元，每年若干名。

8.3 被评为全国行业协会、省、全国优秀 QC 小组的，其奖励标准按上级规定执行。

8.4 奖金由 QC 小组根据各成员在本课题中所作贡献的大小来分配，不搞平均主义，并鼓励用本次活动所得奖金为下一次活动服务。

9 报告和记录

本标准形成下列记录：

a) QC 小组课题注册登记表（见表 1）；

b) QC 小组注册登记表（见表 2）；

c) QC 小组活动成果现场评审表（见表 3）；

d) QC 小组活动成果发表评审表（见表 4）。

表1 QC小组课题注册登记表

单位、部门：_____   QC小组名称：_____

课题名称：					
立题日期：　　年　　月　　日			课题编号：		
组长姓名：	性别：	年龄：	文化程度：		职务：
立题理由：					
本部门意见： 　　　　　　年　月　日			设备部 QC 专责人意见： 　　　　　　年　月　日		

表 2 QC 小组注册登记表

单位、部门：_____

小 组 名 称		成立日期	登记日期	登记注册号
		年 月 日	年 月 日	
组长姓名：	性别：	年龄：	文化程度：	职务：
组员姓名	年龄	性别	职称或工种	成 员 变 动 情 况

表 3 QC 小组活动成果现场评审表

小组名称：_____   课题名称：_____

序号	评审项目	评 审 内 容	评分标准			得分
			一般	较好	好	
1	QC 小组的组织	1. 按有关规定进行小组登记和课题登记	2	3	5	
		2. 小组活动时，小组成员的出勤情况	3	4	5	
		3. 小组成员参与分担组内工作的情况	2	3	5	
2	活动情况与活动记录	1. 活动过程按 QC 小组活动程序进行	4	6	8	
		2. 取得数据的各项原始记录能妥善保存	4	6	8	
		3. 活动记录完整、真实，并能反映活动的全过程	4	6	8	
		4. 每一阶段的活动能按计划完成	4	6	8	
		5. 活动记录的内容与成果报告的一致性	4	6	8	
3	活动成果及成果的维持巩固	1. 成果内容进行了核实和确认，并已达到所制订的目标	4	5	7	
		2. 取得的经济效益已得到相关部门的认可	4	5	7	
		3. 改进的有效措施已纳入有关标准	4	5	8	
		4. 现场已按新的标准作业，并把成果巩固在较好的水准上	5	6	8	
4	QC 小组教育	1. QC 小组成员对小组活动程序都了解和掌握	3	5	7	
		2. QC 小组成员对方法、工具的了解情况	4	6	8	
总体评价						总得分
评委签名						年 月 日

195

表 4　QC 小组活动成果发表评审表

小组名称：_____　　　　　　　　课题名称：_____

序号	评审项目	评 审 内 容	配分	得分
1	选题	（1）所选课题应与上级方针目标相结合，或是本小组现场急需解决的问题； （2）课题名称要简洁明确地直接针对所存在的问题； （3）现状已清楚掌握，数据充分，并通过分析已明确问题的症结所在； （4）现状已为制定目标提供了依据； （5）目标设定不要过多，并有量化的目标值和有一定依据； （6）工具运用正确、适宜	8～15分	
2	原因分析	（1）应针对问题的症结来分析原因，因果关系要明确、清楚； （2）原因要分析透彻，一直分析到可直接采取对策的程度； （3）主要原因要从末端因素中选取； （4）应对所有末端因素都进行要因确认，并且是用数据、事实客观地证明确是主要原因； （5）工具运用正确、适宜	13～20分	
3	对策与实施	（1）应针对所确定的主要原因，逐条制定对策； （2）对策应按"5W1H"原则制订，每条对策在实施后都能检查是否已完成（达到目标）及有无效果； （3）要按对策表逐条实施，且实施后都有所交代； （4）大部分的对策是由本组成员来实施的，遇到困难能努力克服； （5）工具运用正确、适宜	13～20分	
4	效果	（1）取得效果后与原状比较，确认其改进的有效性，与所制定的目标比较，看其是否已达到； （2）取得经济效益的计算、分析实事求是、无夸大； （3）已注意了对无形效果的评价； （4）改进后的有效方法和措施已纳入有关标准，并按新标准实施； （5）改进后的效果能维持、巩固在良好的水准，并用图表表示出巩固期的数据； （6）工具运用正确、适宜	13～20分	
5	发表	（1）发表资料要系统分明，前后连贯逻辑性好； （2）发表资料要通俗易懂，应以图、表、数据为主，避免通篇文字、照本宣读	5～10分	
6	特点	统计方法运用突出，有特色，具有启发性	8～15分	
总体评价			总得分	

评委：_____

196

附 录 A

（规范性附录）

QC小组课题活动程序

```
                    ┌─────────────────┐
                    │   1.选择课题      │
                    └─────────────────┘
                             ↓
                    ┌─────────────────┐
                    │   2.现状调查      │
                    └─────────────────┘
                             ↓
                    ┌─────────────────┐
                    │   3.设定目标      │
                    └─────────────────┘
                             ↓
                    ┌─────────────────┐
          P         │   4.分析原因      │←──────┐
                    └─────────────────┘        │
                             ↓                  │
                    ┌─────────────────┐        │
                    │   5.确定主要原因  │        │
                    └─────────────────┘        │
                             ↓                  │
                    ┌─────────────────┐        │
                    │   6.制订对策      │        │
                    └─────────────────┘        │
                             ↓                  │
          D         ┌─────────────────┐        │
                    │   7.按对策实施    │        │
                    └─────────────────┘        │
                             ↓                  │
          C         ┌─────────────────┐        │
                    │   8.检查效果      │        │
                    └─────────────────┘        │
                     ↓              ↓           │
              ┌───────────┐  ┌───────────┐     │
              │  目标达到  │  │ 目标未达到 │─────┘
              └───────────┘  └───────────┘
                     ↓
                    ┌─────────────────┐
          A         │   9.巩固措施      │
                    └─────────────────┘
                             ↓
                    ┌─────────────────┐
                    │ 10.总结和下一步打算│
                    └─────────────────┘
```

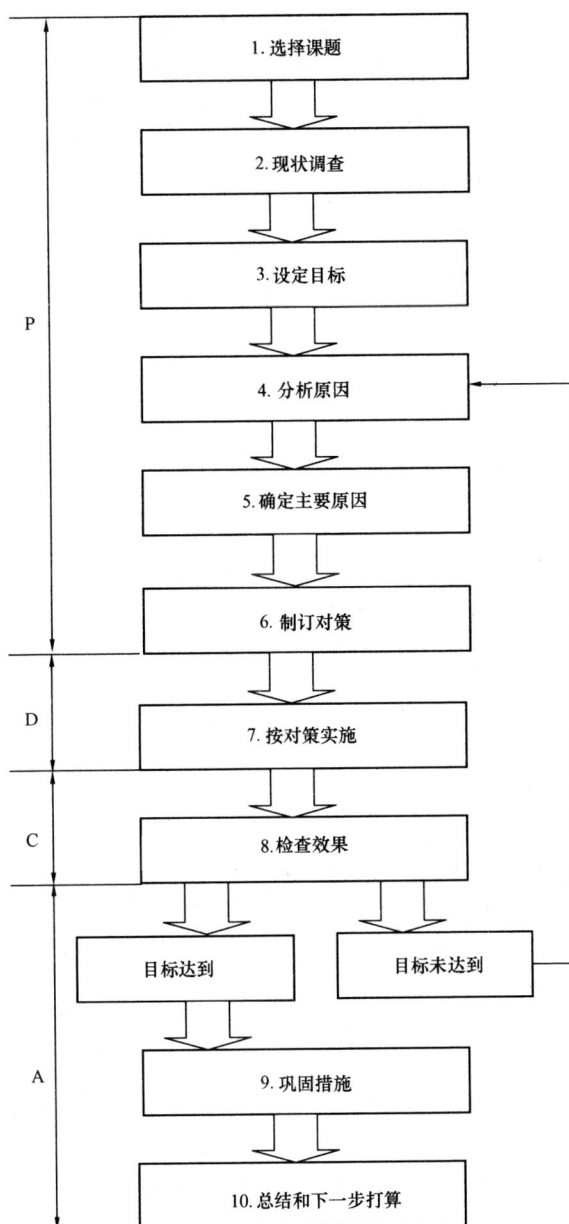

图1 QC小组课题活动程序

参 考 文 献

[1]　国经贸〔2000〕147 号　关于推进质量管理小组活动的意见.
[2]　电质〔2001〕25 号　关于颁布《电气行业质量管理小组活动成果评审办法》的通知.